中国社会科学院创新工程学术出版资助项目

产能问题研究

钟春平 刘 诚 著

中国社会科学出版社

图书在版编目（CIP）数据

产能问题研究/钟春平，刘诚著 . —北京：中国社会科学
出版社，2017.10
ISBN 978 - 7 - 5203 - 1303 - 2

Ⅰ.①产… Ⅱ.①钟…②刘… Ⅲ.①生产过剩—研究—
中国 Ⅳ.①F124

中国版本图书馆 CIP 数据核字（2017）第 265692 号

出 版 人	赵剑英
责任编辑	王　曦
责任校对	王纪慧
责任印制	戴　宽

出　　　版	中国社会科学出版社
社　　　址	北京鼓楼西大街甲 158 号
邮　　　编	100720
网　　　址	http：//www.csspw.cn
发 行 部	010 - 84083685
门 市 部	010 - 84029450
经　　　销	新华书店及其他书店

印　　　刷	北京明恒达印务有限公司
装　　　订	廊坊市广阳区广增装订厂
版　　　次	2017 年 10 月第 1 版
印　　　次	2017 年 10 月第 1 次印刷

开　　　本	710 × 1000　1/16
印　　　张	13.25
插　　　页	2
字　　　数	203 千字
定　　　价	66.00 元

凡购买中国社会科学出版社图书，如有质量问题请与本社营销中心联系调换
电话：010 - 84083683

序言　正确看待"去产能"政策，谨慎提及"产能过剩"

当前，国内流行"产能过剩"的论述，由此产生了不少认识上的模糊之处，也引致欧盟等不少国际机构对中国的"产能过剩"问题进行指责，国内出台了有关"去产能"的各种政策，国际上也有不少反倾销等贸易纠纷，因而有必要对产能、产能利用率及"去产能"等相关问题做更深入、细致的分析。

一　产能、产能利用率与去产能政策的功过是非

在历史上，更高的生产能力一直是中国所追求的目标，很长时间以来，全国上下都致力于推进工业化与所谓的现代化，甚至在 20 世纪中期，不惜牺牲居民的生活及其他行业的发展，提出"大炼钢铁"，寄希望于尽早赶超发达国家，实现生产能力及产能的实质性提高。为了达到这个目的，在方式上采取了集中的计划手段，力图在短期内集中可用的资源，尽可能缩短时间。虽然投入了大量的人力和物力，但大多数目标都没有实现，钢铁等产量一直不高，短缺一直是经济运行的特征，工业化水平只是在缓慢提高。

工业化目标是在市场化改革与开放条件下逐步实现的，1980 年之后，逐步采取市场化的方式提升了生产能力；特别是 2000 年以后，随着中国更多地融入世界经济分工体系，参与了更多的国际竞争，中国的生产能力得到了显著提升，竞争优势得到了全面展现。如今，在

诸多生产与制造领域，中国的产能占据全球过半的份额，早已实现所谓的赶超发达国家的目标。

但有意思的是，事情又走向另一个极端：早先不足的产能逐渐过剩，产能又成为负担。化解"产能过剩"问题经常作为国务院文件的主题，成为各个部门的决策焦点、重要议题。特别值得关注的是，在2008年前后，工业和信息化部主导，提出了一系列战略新型产业，并对其进行重点扶持，给予相应的政策支持。但不出几年，这些新兴行业却大多成为所谓的"产能过剩"行业，需要加以整治。

2015年年底，中央经济工作会议上，产能问题被进一步强化，去产能成为五项核心任务之首。同时，对于去产能的具体措施也做了不同的政策说明。对于去产能的方式，提出尽量减少破产清算、做好职工安置等建议。

有人提出，不同的阶段有不同的任务，当年的鼓励产能与现在的去产能符合不同的社会经济环境，当年鼓励产能是着眼于提升中国的制造业水平，促进工业化进程；而现在的去产能则是为了进一步提高产出的有效性，并为未来服务业的发展提供空间。

但需要思考的问题是：是不是每个时期都必然需要不断地出台事实上存在着前后不完全一致的政策？比如在2008年拉动产能，而在2013年前后则要应对"产能过剩"问题，有无可能正是某个政策的出台导致了之后的不一样，乃至相反的另一个政策的出台？这种政策有无可能导致动态不一致，进而使得经济的波动加剧？我们需要深刻思考这种不断出现的中国特色问题根源所在，对出台政策的必要性进行反思。

同时，我们从更长时期考虑，用更多的数据，更客观地分析中国产能增加的事实，及导致这种生产能力不断攀升的原因，可以在一定程度上解释中国经济快速发展的原因，并对未来中国经济增长做一展望。

为了增加对产能问题的感性认识，我们选取相应的行业及企业的案例，对事实做更深入的描述及分析。从中可以看到不同企业和不同行业的运行状况，发现行业和企业的差距及区域性的特征。这种差距

有可能使得不同的行业在对待产能问题上存在差异，各行为主体的特征也会因此而有所差异。

就"产能过剩"问题，我们需要更加严谨地论述，主要原因在于：从国际层面看，很难得到一个比较令人信服的标准和判断，而且在发达国家，似乎很少把"产能过剩"当作一个正式的命题。由此引申出产能利用率的理论来源，及"产能过剩"的阈值问题。我们需要对产能、产能利用率及"产能过剩"等一系列问题及其由来进行深层次的研究，并且对目前很多流行的观点进行再考证，特别是对一直以来将82%的产能利用率作为国际标准的观点进行严格考证。为此，我们在全球层面进行了一般性比较，对历史和当前水平进行简要分析，并找到将82%作为产能利用率阈值水平的最初论述，判断其在当下是否仍然有效。

在政策层面，去产能已经成为政策主张，但如何达到预期的效果，需要进行更加客观的分析，借用经济学相关的方法进行论证，探测各种可能的实现路径，从而对政策的可能效果进行分析。

我们还对行业运行态势做更一般性的描述分析，对未来做一展望，试图探讨在未来10—20年将会发生的变化：产能的竞争之后，会不会带来价格竞争？最后会不会带来整个行业的创造性破坏？或者说，当前的格局是否已经到了整个行业发展的拐点？中国的制造业是否会进入新的状态？大规模的重组和再构是否会马上开始？

二　产能问题的总体判断

我们认为，中国产能扩张是经济发展的重要成果，需要从历史角度看问题，不能彻底否定其正面意义，但地方政府的职能需要再定位。

第一，需要明确立场，对产能大幅度提升应该正面看待。过多地强调"去产能"在一定程度上否定了产能扩张是过去三十几年来中国经济，特别是制造业发展的成就。经历了多年的发展，中国制造业在

全球范围具有不可忽视的竞争力，这种竞争力不仅是国际分工的表现，也是中国自身比较优势所在。从国际分工看，发达国家早已完成了工业化进程，而中国的工业化进程在过去 30 年得到了快速推进，因而对这种工业生产能力应该给予充分肯定。

毫无疑问，中国制造业的发展会对发达国家的工业造成很大的冲击，在传统的制造业领域，发达国家的工厂有可能因此破产清算。为了保护自身利益，发达国家可能发起反倾销等调查，对中国的产品收取更高的关税，甚至发生贸易纠纷。对此，我们要有自己的立场，坚定地维护自身的利益。

第二，应该更全面客观地分析产能大幅度增加的可能原因，对未来进行更好的把握，同时避免人为的扭曲和国际纠纷。提升产能的内在因素包括更高的资本投入、更多的劳动力参与、技术的更多引进与应用。在钢铁、水泥等生产领域，由于进入门槛较低，因而规模化生产得以实施。这使得土地和环境成本较低，在一定程度上降低了生产成本，从而拉动了生产产能的扩张。同时，值得注意的是，各级政府在其中也起到了重要的推动作用，这种作用曾经是中国经济快速发展的重要推动力量，所以应理性衡量政府的推动作用的利弊。目前，地方政府确实对制造业给予了各种优惠措施，这在客观上造成了补贴的事实，以及由此带来的倾销问题。因此，对于这种行为必须给予充分重视。

第三，各种产业政策的出台需要谨慎，包括战略性新兴产业等，应该尽可能由市场主导，减少过多的刺激与补贴政策，避免过多的政府干预。在 2007 年前后，国家出台了一系列刺激政策，提出建立战略性主导行业，并且给予了不少支持，从而不断提高了生产能力，这在客观上也导致了产能起伏和波动过大，而其技术含量并没有得到太大的提高。

三　谨慎提及"产能过剩"，
恰当看待产能利用率

第一，"产能过剩"本质上是很含糊的概念，国际上很少会在研究或者政策层面提及此类概念。客观上说，对于产能的界定都存在争论，产能利用率也难以恰当获取，美联储虽然在测算产能利用率，但并没有界定产能是如何计算的，因而国际上很少会提及此类问题。

第二，部分研究使用的概念是过剩产能。过剩产能是市场经济的正常特征，具有经济上的合理性。企业维持高于产出的产能，通常是为了实现自身垄断利润，而高于价格等于边际成本时的产能的部分，也就是经济意义上的过剩产能。但实际上，企业不会按照最大产能来生产，受设计或机械生产水平的限制，实际产量相对较低，形成了设计或机械层面的过剩产能。

第三，过剩产能与市场结构存在着紧密联系。完全竞争市场和完全没有不确定性因素才能实现没有过剩产能的情形。当前，市场整体分散，进入门槛低，没有谁能占据绝大部分市场份额，群雄争霸，导致市场各参与主体都有一定的市场份额，生产能力大幅度提高。国有企业通常规模较大，市场份额较大，但国有企业的成本较高，在竞争中未必占有价格优势，这就使得不断有民营企业进入市场。当进入者越来越多、产量越来越大时，在需求走高的情形下，不会出现大问题，但一旦需求下降，就会导致价格下调，甚至各企业大打价格战。其实从消费者角度看，越来越多的产品被生产出来，而且价格越来越低，是符合消费者利益的，整个社会的福利也可能因此而增加，所以，无须片面强调企业的利益。

第四，所谓的82%的国际标准是不成立的，不能以此判断产能是否过剩。目前，很多研究均将产能利用率作为产能过剩与否的判断标准，并且选择82%作为参照值。由此根据调查或者测算出中国的产能利用率，得出中国当前"产能过剩"的论断。但事实上这种论断是存

在诸多问题的：①并不存在一个国际上一般水平，当前主要国家产能利用率水平差距很大，即使是美国，在一定时间段内也并没有维持在一个固定的水平上；②更不存在标准值，在理论层面，有时候选择82%作为参照组，其来源是菲利普斯曲线，并根据价格水平而得出，但这种理论支撑严重不足；③即使在美国，如何测算产能及产能利用率也存在争议；④在中国更难得到有说服力的产能利用率数据，目前中国人民银行的产能利用率数据只是在开工率提高的比重减去开工率降低的比重基础上，再乘以2。由此，根据不准确的数据和不能自圆其说的标准，得出所谓的"产能过剩"结论，其实具有很严重的误导作用。我们理应避免陷入这种认识上和政策上的误区。

第五，产能利用率被广泛误用。在发达国家，产能利用率更多被用作通胀的参考预警指标。目前看，美国的制造业总体数据可以证实产能利用率与物价之间的确存在着一定的关联，且产能利用率通常在80%—82%浮动，换句话说，产能利用率超过这个水平，整个资源利用就会相对紧张，从而加快物价的上涨。但我们的研究证实，各行业产能利用率差距巨大，且大多数均不在这一水平，因此，从行业层面看，产能利用率没有实际的意义。

四　准确把握问题的实质，即生产能力持续提高，而社会总需求相对下降，切忌由计划经济主导

第一，数据的真实性值得怀疑，产能往往被低估。事实上，国内在调查时，企业由于没有报告真实产能的激励与约束，因此报告真实数据的可能性很低，通常都是根据不同的对象选择报告不同的产能水平。

第二，事实可能被夸大。现实的情况是，不同行业的产能利用率差别很大，这主要与沉没成本有关。比如钢铁行业，由于高炉的关停成本高，所以一般都是满负荷生产，产能利用率几乎是100%。而水

泥行业的关停成本很低，随时可以调节，因而产能利用率在北方冬季很低，但南方却较高。所以，在微观层面产能利用率一般都较高，而从行业层面看又较低，很可能是因为很多企业正在开工建设，或不少企业已经关停，更有可能是产能被夸大，而产量被低估，导致汇总起来的产能利用率较低，从而得出了所谓的严重"产能过剩"的判断。

第三，当前的问题应该是，企业的生产能力旺盛，有众多的企业涌入市场，总供给能力持续增加。之前的十几年，随着中国经济的快速增长和刺激政策的不断推动，总需求也一直较为旺盛，但产能扩张有实质性的价格支撑，因此企业获利颇丰。而当前，社会的总需求有所下滑，这就导致原先的市场均衡状态有所改变，价格不断下降，企业获利也随之下降，不少企业面临经营压力。

第四，过多地关注产能、产能利用率及"产能过剩"在本质上还是计划经济的思维在起主导作用。人们过多地关注企业经营业绩，而忽视了从整个社会层面看资源配置效率；过多地关注国有企业，而忽视了整个社会的竞争力提升。

五　政策主张：总需求仍然是问题的关键，回归市场应该成为政策的核心

第一，淡化"产能过剩"与"去产能"等表述。国际上很多发达国家产能利用率在很多时候都很低，但其并没有谈及此类问题。我们也不应该过多主动甚至不客观地谈及，更要避免由此引发的国际贸易纠纷。

第二，警惕"越治理越严重"现象，政策需要考虑可执行问题。由于很多时候对问题把握欠妥当，过度积极的政策难以取得持久的效率。即使采取了强有力的行政干预，短期内能够实现一定的目标，但却会带来长期的效率损失，并且使得问题反复出现。因此，行政指令需要考虑政策的可行性以及各行为主体的积极性问题。

第三，从政策导向看，总需求管理仍然是主要内容。当前，外部

需求相对减少，因而需要强化国内的需求，而国内需求中，政府购买仍然占据非常重要的地位，因而还需要不断加大基础设施的投资力度。事实上，从目前看，总供给层面并没有太大的变化，企业的生产也没有问题，即使面临总供给层面的冲击，大多也是积极的。换句话说，企业的生产成本下降，可以在同等价格水平下，生产出更多的产品。因而主要问题还在于当前经济下行压力加大，社会总需求呈现一定的下降趋势。

第四，就具体的行业而言，可以考虑增加产品的质量标准或者要求。比如在建筑行业强化质量标准，强化防震能力，可以较好地解决住房质量问题，同时也能部分增加对原材料的需求。事实上，这些成本对建筑行业的影响微乎其微，却有助于实现更多的目标。

第五，需要加大环境执法的力度，切实通过环境标准的执行，加强环境的保护，实现空气、水等环境状况的改善。客观上加大企业的环境成本，有效减少企业的产量与产品供给，倒逼环境不达标、成本控制不到位的企业逐渐退出市场。

第六，更多地采取财政货币补助的办法，维持劳动者的基本生活，强化失业救济。不应夸大企业破产对劳动市场的影响，岗位转换属于竞争的必然结果。国有企业的主要问题还是管理能力不足，需要提高其成本控制水平。

第七，减少行政性兼并重组，更多地采取逐步破产清算方式。行政主导的兼并重组难以达到调节产能的目的，反而会堆积更多的问题。进入障碍低是当前市场结构呈现垄断竞争格局的主要成因，兼并重组会形成一些企业巨头，而提高所谓的集中度，却并不能真正意义上主导市场，小企业可能更具有成本优势。

第八，需要减少行政干预，特别避免用行政手段去产能。去产能与"产能过剩"本质上都是由计划经济思维在主导，而市场必然有进有出，有盈利也有亏损，有进入也有破产退出，因而应该更多地由市场来进行资源配置，不过多地关注产能问题。

目　　录

第一章 产能利用率及"产能过剩"的研究进展及争议*

中国似乎存在着"产能过剩的顽疾",而且越治理越严重。但对于"产能过剩"的概念存在着很多似是而非的争议。在国际层面和学术研究层面,使用产能利用率进行研究更为科学,对"产能过剩"并没有太多的关注。在界定和具体的统计上,产能利用率较"产能过剩"更为客观,且数据的充实使得产能利用率统计更为容易。对于"产能过剩"产生原因的研究,主要侧重厂商竞争博弈等微观形成机制,从经验事实看,"长期产能过剩"表明产能利用率通常不会特别高,因此,产能利用率可更多用于宏观景气的预警。我们的观点是:第一,研究中国的产能过剩问题首先要解决的是恰当的测度和较为可信的统计数据,而现有的数据存在问题;第二,目前产能过剩问题被过度强调了,存在着扭曲的可能;第三,产能过剩的形成原因主要是宏观需求冲击、政府政策扭曲、国有企业的利益机制等因素的共同作用;第四,需重新发挥产能利用率的预警功能;第五,当前化解过剩产能的政策难以有效实施,执行者并没有充足的激励,约束机制也不强;第六,要化解过剩产能,需健全价格和利益机制,构建市场化发展模式和监督体系。

一 引言

目前,在国内似乎形成了一种共同的判断:很多行业的"产能过

* 本章与潘黎合作完成。

剩"严重。官方公布的统计数字是，2012 年年底，我国钢铁、水泥、电解铝、平板玻璃、船舶产能利用率分别为 72%、73.7%、71.9%、73.1% 和 75%①。中国政府也在不断出台相关政策：2013 年 10 月国务院印发了《关于化解产能严重过剩矛盾的指导意见》，11 月国土资源部发布《严禁为产能严重过剩行业供地》。中国领导决策层似乎已经明确了"产能过剩"问题的重要性，并认为能否成功解决这一问题将影响我国未来经济的长远发展。同时，国际机构也对中国企业的"产能过剩"问题高度关注。比如，IMF 认为，中国的高投资率是引起"产能过剩"并导致资源错配的原因，使得总体的投资回报率由 20 世纪 90 年代初的 25% 下降为如今的 16%。IMF 还利用经济增长模型进行了测算，并指出，中国如果不能很好地解决这个问题，中国经济的年增长率将可能跌至 4% 左右②。

从更长的时间区间看，中国似乎也一直存在着"产能过剩"的"顽疾"，每一次经济相对不景气时，都需要治理产能严重过剩问题。但越治理，似乎"产能过剩"问题越严重，产能扩张一直非常快速，如何解决"产能过剩"的问题也成为宏观决策的重中之重。

不过非常奇怪的是，中国制造业产能利用率的统计结果仍然没有统一。已公开发布的最为乐观的估计是 OECD 测算的中国制造业产能利用率的季度数据，2011 年平均水平达到 85.60%③。范阳阳（2013）根据国家统计局已公布的数据进行推算，得到我国 2011 年产能利用率为 78% 左右④。相比而言，IMF 国别报告的统计结果最为悲观⑤，其数据显示，中国平均产能利用率在 2008 年金融危机爆发之前是 80% 左右的水平，但是危机爆发之后迅速下降，至 2011 年仅为 60% 左右。

然而，根据我们实际调查的企业微观数据，部分国有企业产能利

---

① 工信部，http://www.miit.gov.cn/n11293472/n11293832/n11293907/n11368223/15686855.html。

② IMF Country Report No. 13/211.

③ OECD 数据库，http://stats.oecd.org/mei/。

④ 由于国家统计局只是在公开媒体采访时提到相关数据，还没有进行正式系统的发布，我们暂时无法获知统计具体结果。

⑤ IMF Country Report No. 12/195.

用率事实上是很高的,某国有钢铁企业在 2010 年、2011 年和 2012 年的产能利用率分别为 90.74%、83.99% 和 87.84%,特别是 2013 年年底,其产能利用率的数据进一步攀升。微观数据和汇总数据出现了巨大的反差,这充分显示出已有测度方法可能存在着矛盾,从而使结果出现较大偏差,需要对产能过剩与否及过剩的程度进行科学、准确的判断,在此基础上才能进行政策选择。

同样非常奇怪的是,将研究和分析的视野拓宽到国际层面后,结果也存在着很大的差异,很少有国家将"产能过剩"视为一个重要命题。首先,在政策层面,主要国家都有产能利用率的统计指标,部分国家产能利用率也很低,却没有提出所谓的"产能过剩"治理的政策主张,全球"产能过剩"也没有像 GDP 等其他经济指标一样有官方统计数据。其次,在研究层面,多数主流经济学分析中,并没有将"产能过剩"作为一个关键议题加以研究,而是更多侧重于对产能利用率进行剖析。因而,除了实践统计环节外,学术界对于如何看待"产能过剩"问题也存在争议,许多学者提出,"产能过剩"只是一个伪命题。

对全球主要国家的统计数据进行比较,中国的产能利用率并不是最低的,这就意味着我们需要重新考虑中国是否真的存在严重的"产能过剩",出台一系列政策是否有必要。从目前中国媒体公布的五大"产能过剩"严重的行业数据来看,最低的产能利用率水平为 71.9%。暂且不考虑适用性的问题,如果以 82% 为标准,中国该行业的产能利用率低了 10.1 个百分点。但这是否真的意味着产能利用率严重偏低、"产能过剩"严重呢?把 2012 年美国、日本及部分欧洲国家的产能利用率水平与 71.9% 做个对比就可以发现,意大利(69.9%)、爱尔兰(67.9%)、保加利亚(67.2%)、爱沙尼亚(70.7%)、希腊(64.7%)、塞浦路斯(56.8%)、拉脱维亚(70.9%)、斯洛伐克(69.1%)8 个国家的产能利用率均低于中国,即大约样本国家中 1/4 的国家其产能利用率水平更低。同时,从几个重要的发达国家或国家集团的具体数值来看,美国为 75.8%,欧盟为 78.8%,日本为 87.5%,分别只比 71.9% 相对高出 3.9 个百分点、

6.9 个百分点和 15.6 个百分点。① 也就是说，如果以统计上常用的 10% 作为显著性差异水平的话，只有日本是显著高于中国官方媒体目前所公布的最低产能水平。横向比较发现，中国的产能利用率相对而言并不是太低，中国产能是否"严重过剩"还需要更为谨慎的判断。

为了更好地理清"产能过剩"、产能利用率的争论，对目前中国企业的产能问题进行更客观的现实评判，有必要对"产能过剩"的国际研究进行梳理。本书的基本思路是：通过总结评价文献中"产能过剩"的界定与产能利用率的测度方法，从微观形成机制、经验证据、宏观影响及化解方式等方面剖析国际学术界对"产能过剩"的基本认识，最后结合中国的实际，对中国的过剩产能问题及其程度加以评价。

通过对文献的总结和归纳，我们发现：

第一，构建产能利用率的统计体系并确定"产能过剩"的判定标准是中国首先要面对的问题。如果数据本身不能足够客观地反映现实经济状况，后续的分析研究及战略部署就不可能取得预期的效果，也无法避免过于随意或不恰当的政策干预。

第二，由于生产成本中有一部分投入是不能根据市场行情随时进行调整的，因此企业保持一定的"产能过剩"正是应对市场多变的经济环境而不得不采取的手段；而且不同的市场结构中生产者之间的博弈程度、信息不对称的程度都存在差异，也需要企业采取应对措施，因此一定程度的"产能过剩"是"合理"的。但是结合中国的实际，我们不仅需要关注微观层面，研究市场力量本身的影响，更需要研究政府的产业政策、制度环境等对"产能过剩"的影响。

第三，本书从经验事实中发现了"长期产能过剩"的证据，这预示着中国的产能问题不可能在短时间内解决。

第四，分析产能过剩影响宏观经济波动的文献，我们发现"产能过剩"的确会影响一国经济增长的动态路径和核心通货膨胀的水平，中国的政策制定机构应尽早将产能利用率指标纳入正式的经济周期测

---

① 参见美联储网站、日本经济产业省网站和欧洲统计局网站。

算体系中。

第五，中国所谓的"产能过剩"问题主要是由宏观层面过多的产业政策及微观层面的国有企业非市场化行为等导致的，因而其解决途径也只能是更多地依赖市场化的机制构建。

二 是否存在着"产能过剩"

（一）"产能过剩"的界定争议

一般认为，首次正式系统阐述"产能过剩"概念的学者是 E. Chamberlin，他在界定完全产能的基础上，从微观经济学的角度提出了"产能过剩"的概念。Chamberlin（1947）指出，完全产能应被定义为完全竞争均衡条件下的产出水平，而不完全竞争则引起了经济组织的无效率，从而产生了"产能过剩"[①]。随后，众多学者对这个概念进行了研究和讨论。M. Kamien 和 N. Schwartz（1972）总结提出，在理论层面，"产能过剩"就是处于垄断竞争或不完全竞争行业的企业生产设备的开工率（或利用率）低于平均成本达到最小时的开工率的情形。

尽管在微观理论层面对"产能过剩"的界定基本得到统一，但是由于实际运用和测度的需要，仅仅有理论上的共识是不够的，众多学者在进行实际经验论证的时候，一般将"产能过剩"表述为实际生产能力超过了市场需求和正常期望水平的状态。

同时，关于如何具体诠释"产能过剩"仍然争议不断，争论的焦点之一就是如何确定"产能"。只有首先弄清楚"产能"的内涵与测度方法，才能建立规则以明确多高的产能水平是"过剩"的。与 Chamberlin 的提法不同，A. Smithies（1957）认为，完全产能是指现

---

① 关于这一点，L. R. Klein（1960）有不同的看法。他认为，N. Kaldor（1935）、C. L. Paine（1936）和 J. M. Cassels（1937）比 Chamberlin（1947）更早提出从不完全竞争角度诠释"产能过剩"问题的观点。

有设备在正常运作条件下，配合轮班制而实现的产出。相比较而言，Chamberlin 所提出的产能概念存在评估成本函数这样一个棘手的问题，并且更加注重静态福利，而 Smithies 对于产能的界定主要是基于工程学的角度，只是利用了产能使用的周期性特征。A. Shaikh 和 J. Moudud（2004）总结归纳后认为，区分工程学意义上的产能与经济学意义上的产能是非常重要的。工程学意义上的产能是指在特定时期内最大的可持续生产的产出，例如，工厂可以平均每周6天、每天20个小时持续运转机器。经济学意义上的产能则是在给定厂房和设备的前提下期望的产出水平，例如，机器每周运转5天、每天8小时，如果时间延长，增加的班次就会导致更多的额外成本使得利润下降。如果按照上述理解，经济学意义上的产能大致就是工程学意义上产能的 1/3[①]。目前我们所说的产能，主要指经济学意义上的产能。

（二）测度"产能过剩"的方法

如何测度"产能过剩"是另外一个争论的焦点。尽管在理论上对"产能过剩"的界定已达成基本共识，但是有不少学者指出，由于核算成本难度大、数据信息的获得性低，依据"产能过剩"的概念从成本的角度来测度是非常困难的，甚至有学者认为，用成本判定"产能过剩"本身就存在缺陷。例如，H. Demsetz（1959）曾指出，广义的成本除包含生产成本外还包含推销成本，当使用扩展的成本函数时，不能推断是否发生了"产能过剩"。L. Klein（1960）认为，不同于纯粹的工程学方面产能的度量，从经济学层面度量产能将会因成本问题以及不同的经济部门之间的内在联系而存在一系列困难。他探究了如何利用成本函数和生产函数来衡量生产能力，重点分析了概率正态分布函数形式的成本函数度量问题，同时进一步指出，单个厂商产能的度量相对于整个行业或者整个国家的产能度量而言更容易，因为对行业内所有厂商或一国内所有厂商的产能进行加总平均时会有诸多障碍，比如成本函数是否兼容等。

---

① 值得注意的是，不同行业轮班制的安排会由于利润最大化的要求存在差异，因此不能说经济学意义上的产能就一定是工程学意义上的产能的 1/3。

因此，为了对"产能过剩"进行测度，在实际数据的处理上，通常并不是直接从理论界定入手，而是找了一个便于操作的变量——产能利用率，先核算产能利用率，然后再判断产能是否过剩。E. Berndt和 C. Morrison（1981）总结了产能利用率的计算方法：其一是经济学的度量方法（如美联储指数和沃顿商学院指数），即用实际产出除以潜在产出，而潜在产出是基于之前的产出—资本比的峰值和累计净投资计算得出的；其二是工程学的度量方法，即计算实际电力消耗与电力消耗的最大可能值之间的比值，后者可以根据电子机械设备的额定功率获得。他们指出，经济学的核算方式更有价值，应大力推广。事实上，统计学家和经济学家们一直在对有关产能利用率的计算方法进行修正，其中美国联邦储备委员会的经济学家们的修正尤为重要。目前美国主流经济报告（如《美国总统经济报告》）中所使用的数据主要是 FRB 指数，其主要的核算方法是 1997 年由 C. Corrado 等（1997）针对之前指标设计的缺陷共同加以修正而得到的。具体而言，对于某个给定的行业，其产能利用率等于产出指数（经季节调整的）除以产能指数。产能指数对应经济学中可持续的最大化产出（sustainable maximum output），即一家企业在现实可行的工作时间安排下，考虑正常的故障时间，并假定运营资本投入充分可获得时，企业的最大产出。根据这一方法，可以通过运用统计学中的拉氏指数、帕氏指数加权法，对美国整个制造业行业以及采矿业、电力和天然气等公共设施行业进行总体产能利用率的测算。

从理论上讲，产能利用率只要低于 100% 就存在"产能过剩"的情况，但是在实际生产中，厂房、设备等资产从投资到正式运营有一定的周期，而企业基于对市场预期的判断所采取的一系列微观行为也可能会导致存在一定的过剩产能。那么，"产能过剩"的标准是什么？产能利用率低到何种程度，"产能过剩"问题才应该被关注呢？以美国为例，根据 2013 年《美国总统经济报告》中呈现的 1965 年至2012 年美国制造业产能利用率的历史数据，最低值出现在 2009 年，为 65.5%；最高值出现在 1966 年，为 91.1%；平均水平为 79.78%。很明显，所有年份的产能利用率都显著低于 100%，并且工业总体的

产能利用率和制造业产能利用率都仅在战时才会高达90%以上。根据美国经济运行的历史经验特点，一般认为美国总体工业企业产能利用率的"合意"区间是79%—82%，美国联邦储备委员会也主要是根据长期平均水平来判定和评价某一时期产能利用率实际水平的高低。最新的数据分析结果显示，美国未加工产品、初级加工产品或半成品、精加工产品的产能利用率长期平均水平分别为86.3%、81%和77.1%。除了实际统计调查层面的经验标准外，在理论研究层面，众多学者的研究也通常将美国的非加速通胀产能利用率（NAICU）设定为82%，如Carol Corrado和Joe Mattey（1997）。

（三）产能利用率的主要数据库和测算

基于产能利用率的重要作用，全球主要国家均有专门机构统计本国的产能利用率，欧洲统计局、日本经济产业省、中华人民共和国国家统计局都做了相应的工作；相比而言，美国针对产能利用率的数据整理开始得更早①，参与的机构更多，统计更为完善，测算方法更为科学。

这里重点介绍美国在产能利用率方面构建的主要数据库和测算状况。美国联邦储备委员会（FRB指数）、普查局、商务部经济分析局、沃顿商学院（Wharton指数）、麦格劳·希尔（McGraw - Hill）公司等机构都参与过产能利用率的统计和测算。1965年，美国总统经济顾问委员会根据麦格劳·希尔公司的调查结果，首次将制造业产能利用率指标纳入《美国总统经济报告》。随后，在1976年至1982年的报告中详细罗列了FRB指数、Wharton指数和商务部指数。但之后的几年中，其他机构的数据相继退出，从1985年至今《美国总统经济报告》只保留了美国联邦储备委员会的测算结果。

目前，美联储公布的产能利用率有月度数据、季度数据和年度数据，其测算的基础有大约70%来自美国普查局的工厂生产能力调查数据（Survey of Plant Capacity，SPC），25%来自美国地质调查局和能源

---

① 美国商务部1944年的经济运行报告 *Survey of Current Business* 中就有部分行业的产能利用率数据。

部能源信息管理局等部门的统计数据，还有 5% 左右的数据是通过生产峰值的动态测算而得到。其数据发布形式主要有两种：一种是按照加工流程细分的产能利用率；另一种是按照产业类别划分的产能利用率。美国普查局作为为美联储 FRB 指数核算提供重要原始数据的机构，其基本统计手段是根据基层企业或工厂的具体调查数据推算行业的产能利用率。普查局 2007 年开始试行统计季度 SPC 数据（QSPC），2008 年正式发布，并按照 NAICS 划分标准呈现各具体行业的产能利用率情况，其中还包括每个行业平均每周机器设备的运转小时数。

N. Morin 和 J. Stevens（2004）通过对比分析发现：第一，普查局的调查数据存在周期性偏差，而 FRB 指数没有明显偏差；第二，虽然两大数据库预测工业资本消耗的结果都非常准确，但是相比较而言，普查局的数据在预测未来产能扩张和工业价格指数变化方面不够成功。因此，他们认为 FRB 指数整体上比普查局的经济调查数据更有效，它成功地克服了周期性偏差，同时又保留了数据的有用信息。这应该就是《美国总统经济报告》重点采纳 FRB 指数的原因。

（四）结论和启示

整体而言，对过剩产能的测度更多地为产能利用率所取代，因为后者更为中性和客观；而更多的微观调查数据为构建产能利用率测度指标并提供更真实的信息奠定了基础，这对中国来说尤为重要。

中国目前最紧迫，同时也最有价值的任务是提高统计数据的质量，只有在此基础上才能做出更为可信的是否存在着"真实的产能过剩"的判断。目前我国有关企业产能利用率数据的发布机构主要有国家统计局、IMF、OECD、中国人民银行等，从这些机构发布的统计数据来看，具体数值差别较大。IMF 国别报告中指出，中国 2011 年的产能利用率已下跌至 60%；但是 OECD 和国家统计局的结果相对乐观很多；中国人民银行并未直接测算产能利用率，而是利用对全国（除西藏外）5700 余户工业企业进行的季度调查结果计算了设备能力利

用指数①（2011 年为 43.06），由该指数可以判断产能利用率随时间变化的趋势，反映出产能利用率水平还在持续走低，这一趋势估计与国家统计局和 IMF 是一致的。经济研究以事实为依据，注重严谨性，所以我们必须首先弄清楚中国工业企业"产能过剩"数据的核算依据以及其真实有效程度。只有对数据有了相对客观和准确的把握，才能判定中国是否存在着"真实的产能过剩"，并进一步针对"产能过剩"的实际程度采取合理的化解方法。同时，我们还应借助美国丰富的数据处理经验，认真研究 FRB 指数核算的方法及其在中国的适用性，考虑采用企业微观数据调查整合的方式测算产能利用率。

三 "产能过剩"是如何形成的

对于"产能过剩"的成因，一般的研究主要是从微观角度入手的。关于"产能过剩"的微观形成机制，学术界主要从三个方面进行了分析：其一，从博弈论的角度分析在面对潜在竞争对手的进入威胁时，做出的决策如何导致过剩产能；其二，将市场特性与博弈论方法结合起来，从寡头共谋的角度探讨企业为追求自身利益最大化采取的投资策略和价格策略如何导致"产能过剩"；其三，由于未来市场的不确定性提升了"运营期权"的存在价值，企业会选择保持"产能过剩"的状态。

有学者认为，由于企业无法准确预知新的竞争对手进入市场的时机，以及进入之后对本企业市场份额的影响程度，为应对潜在竞争对手的进入威胁，企业产能的调整跟实际市场需求之间会产生不匹配的情况，进而导致"产能过剩"。任何一家在位企业都会预测与其在产品、区位或顾客群等方面高度相似的竞争对手的进入可能性，并采取

---

① 具体计算方法是：在全部接受调查的企业家中，认为本企业设备能力利用水平为"超负荷"的占比减去认为"不足"的占比。从中国人民银行网站的统计调查结果分析看，自 2012 年起，调查问卷的内容设置发生了变化，设备能力利用指数被删除。

应对措施，选择自认为更为合理的生产规模。但是由于对手进入前后在位企业的市场份额存在差异，生产规模不可能在两个阶段都是最优的，这样就可能出现"产能过剩"。M. Kamien 和 N. Schwartz（1972）进一步对上述观点进行了分析，他们指出，原厂商的定价策略会影响竞争对手进入的概率。原厂商在对手进入前选择价格和资本存量期望在未来不确定的情况下现金流的现值最大，而实际上，未来的真实价格取决于竞争对手进入的概率以及对手进入后对工厂规模的影响。因此，由于不知道竞争对手的进入时机，企业选择的运营规模很可能导致"产能过剩"。J. Bulow 等（1985）利用固定弹性需求函数进行测算发现，一家完全垄断的在位企业能够建立充分大的产能，在纳什均衡条件下，使得新进入者只能获取零利润；而在没有新企业进入的情况下，在位企业将减少产出以最大化利润，这样就产生了过剩的产能。还有一些学者认为，在位企业会利用"产能过剩"构筑行业壁垒，以阻止新企业进入。A. Dixit（1980）认为，如果在位企业在潜在新的竞争者进入之前能够选择资本存量，他就会安装足够大型的设备以阻止其进入。W. Kirman 和 R. Masson（1986）则认为有更多的企业可能采取"产能过剩"的方式以阻止新的竞争对手进入，市场中存在的寡头厂商也会以价格战的方式来阻止竞争对手的进入。K. Cowling（1983）认为，"产能过剩"可以使得共谋行为更加便利，通过制造更可信的降价威胁，形成进入壁垒。S. Mathis 和 J. Koscianski（1996）利用美国金属钛产业的时间序列数据研究了"产能过剩"的原因，特别针对以"产能过剩"作为阻止新的竞争对手进入的有效手段的理论观点进行了经验性的论证。他们运用 Logit 模型进行估计，发现产能扩张的期望水平上升将减少企业进入钛产业的可能性，在控制在位企业三年平均产量和行业企业数目的条件下，在位企业三年平均产能水平的增加会在 10% 的显著性水平上对新企业的进入行为造成阻碍。

有学者结合市场特性分析了企业的共谋行为。Benoit 和 Krishna（1985）将重复博弈与投资决策时机分析结合起来，即假设企业先选择生产规模，再进行价格竞争的重复无限次博弈，并假设企业可以进

行价格和产能的共谋（产能共谋的实现是允许企业对改变产能设备进行威胁报复）。他们的分析结论显示，所有处于共谋均衡状态的企业都存在"产能过剩"。C. Davidson 和 R. Deneckere（1990）分析了企业在进行重复价格竞争之前选择生产规模的动态模型的均衡问题，检验了企业心照不宣进行价格共谋但不进行产能共谋的均衡情况，发现如果利率下降或产能扩张的成本下降，产能和共谋都会增加。而利率的上升则会减少由于报复引起的资产化损失，因而使得共谋关系难以维系。他们进一步指出，由于"产能过剩"常常用来维持共谋，如果共谋减少，那么所需的产能就将降低。

有学者运用"运营期权"进行了分析。R. Pindyck（1988）认为，一单位的产能赋予企业无穷次选择生产的机会，对于未来的任何一个时间，企业都可以选择使用或者不使用这一单位的产能。例如，如果需求下降，企业则可以选择不使用这一单位产能。事实上，这些产能相当于一种"运营期权"，类似于金融市场中的情形，当股票价格波动大时，看涨期权的价值会更大，"运营期权"在市场需求波动更大、未来的不确定性更大时，其价值也会更大。也就是说，在不考虑产能投资的机会成本时，当未来的需求不确定性更大时，企业应该保有更多的产能。但是 Pindyck 也指出，不确定性同样提高了企业投资选择的价值，即由于投资具有不可逆性，选择今天增加一单位的产能就排除了等待的可能，因此也就产生了投资的机会成本。由于投资的不可逆性增加了沉没成本，尽管每单位产能的价值在上升，但由于机会成本也在上升，因此实际的净效应不一定是扩大企业的最优产能，反而可能是减少。从 Pindyck 的分析中我们可以看出，不仅"运营期权"效应的存在会导致企业维持"产能过剩"的状态，而且在企业进行产能决策时，如果忽视投资的不可逆性和机会成本，也很可能会导致"产能过剩"的结果。

除上述三种观点之外，还有研究从其他的角度分析了过剩产能的微观形成机制。例如，有学者从市场价格信号的发送障碍入手，探讨了"产能过剩"的形成机制：R. Pirard 和 L. Irland（2007）通过印度尼西亚的纸浆和造纸行业的扩张分析了木材短缺价格信号发送障碍

引起行业"产能过剩"的问题。他们认为，价格的不透明和信号作用的缺失，使得纸浆和造纸行业发生了"产能过剩"，导致了自然森林的过度消耗，而由于管制的失败，在促进可持续收益方面政府也没有发挥作用。还有学者从生产要素的投入入手，研究了过剩产能的形成机制：R. Fare 等（1989）认为，"产能过剩"是由于单个企业的技术效率不高而引起的，"产能过剩"产生于对所有投入品整体而言的技术无效率。Z. Guan 等（2009）认为，绝大多数生产的要素是资本投入（如厂房和设备），而不是在一个生产周期就被消耗掉的可变的投入（如原材料），因而分析由资本的过度投资引发过剩产能问题是最有价值的。

国外文献对"产能过剩"形成原因的探讨主要是在由市场决定资源配置的条件下进行的，"产能过剩"形成的微观机制主要与企业间的市场竞争博弈有关；而中国产业发展政策的宏观指导性非常强，国家干预和行政引导的程度较深，产能利用率偏低的根本原因与西方国家有很大的不同，很可能与制度带来的资源配置扭曲有关。中国社会科学院工业经济研究所（2013）指出，在土地产权模糊、银行预算软约束以及地方政府干预金融等体制缺陷背景下，地区之间采取投资补贴的形式竞争资本流入，使得企业过度投资，并且市场协调供需均衡的机制难以有效运转，进而导致系统性的"产能过剩"和经济波动加剧。所以，解决中国企业产能利用率偏低的问题需要触及更深层次的体制因素，难度非常大。

对于这一点，我们的整体判断是，导致近期对"产能过剩"问题高度关注并使得产能利用率下降的原因包括：①需求有所下降；②前期政策的刺激力度过大，而投资具有时间差，这导致了形成的产能没有相应的市场，使市场供给能力过强。

四　是否存在着"长期产能过剩"

在"产能过剩"的经验证据研究中，关于"长期产能过剩"的

提法和分析是非常值得关注的。根据美联储的统计数据，美国产能利用率的平均水平长期低于理论上 100% 产能利用率的水平，这使得经济学家怀疑许多行业的"产能过剩"是长期的。

由图 1 - 1 中美国制造业产能利用率的季度数据可以发现，美国除了 1953 年和 1966 年这两个处于战时的年份之外，其余年份的数值均低于 90%（明显低于 100%）。同时，美国制造业产能利用率的波动比较明显，大致可以分为四个半周期。从波峰到波谷的落差来看，最大的约为 20%，最小的只有 7.5% 左右。一共 264 个季度的数据中，两个明显的低谷值是 1982 年第四季度的 68.90% 和 2009 年第二季度的 64.19%；前者可能是由当时钢铁行业的"产能过剩"引起的，而后者则是由 2008 年金融危机带来的经济低迷所导致的。由图 1 - 1 我们可以进一步发现，20 世纪 90 年代中期以来，美国制造业产能利用率水平在持续走低，这也是近年来"长期产能过剩"的提法越来越受到重视的原因之一。

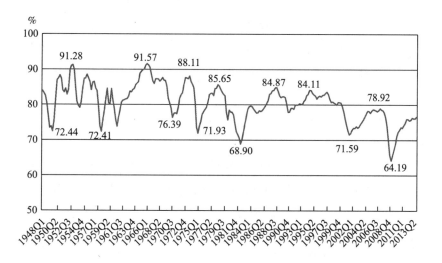

图 1 - 1 1948 年第一季度至 2013 年第二季度美国制造业产能利用率变化趋势

资料来源：美联储网站。

我们从美国制造业整体的产能利用率时间序列数据中，发现了

"长期产能过剩"的证据。那么各个行业的情况如何呢？是否也存在这种明显的趋势？如表 1 - 1 所示，美国主要行业的产能利用率水平也是明显低于 90% 的，甚至与文献中反复提及的 82% 的适当水平相比也有一定的差距。表 1 - 1 中所列的主要行业中，只有电子设备、器械和元件行业，造纸行业，塑料及橡胶制品行业，采矿业，电力、煤气公用事业，初级加工行业，石油和煤开采行业及其他制造业 8 个行业的平均产能利用率达到 82% 以上。同时，部分行业的产能利用率波动明显，从离散系数和标准差的大小可知，美国的钢铁行业、通信设备行业、非金属矿产品行业及原料金属行业 4 个行业的离散程度最为明显。从测度数据分布形态的特征值来看，峰度系数不具有特定规律，有的为正，有的为负；但是偏度系数的规律很明显，除个别行业外，几乎均为负，说明各行业产能利用率几乎都呈左偏分布，即序列存在极小值，使得均值水平向左边极小值靠近。以美国的钢铁行业为例，1982 年第四季度的产能利用率创下 39.76% 的历史低点，说明当时美国钢铁行业的"产能过剩"情况非常严重。因此，美国各行业的历史数据也同样成为"长期产能过剩"的证据。

表 1 - 1 　　　　1972 年第一季度至 2013 年第一季度美国
主要行业产能利用率的描述性统计

行业	平均数	最大值	最小值	标准差	偏度	峰度	离散系数
制造业	78.72	88.11	64.19	4.67	-0.56	0.22	0.0593
耐用品制造	77.00	89.33	59.09	5.65	-0.57	0.50	0.0734
木材产品	76.80	93.78	50.19	4.52	-0.20	-0.10	0.0589
非金属矿产品	74.71	88.12	44.94	9.83	-1.41	1.48	0.1316
原料金属	79.06	98.59	49.46	9.67	-0.68	0.57	0.1223
钢铁	80.49	104.72	39.76	12.62	-0.96	0.74	0.1568
焊接金属产品	77.49	91.21	61.77	5.94	-0.30	0.22	0.0767
机械	78.17	94.38	56.94	7.87	-0.40	-0.11	0.1007
电子设备、器械和元件	82.53	98.72	65.78	6.82	-0.26	-0.13	0.0826
运输设备	74.24	87.05	51.68	6.41	-0.93	1.33	0.0863

续表

行业	平均数	最大值	最小值	标准差	偏度	峰度	离散系数
家具和相关产品	76.79	97.44	57.16	7.48	-0.02	0.75	0.0974
其他	76.00	82.4	65.55	3.24	-0.55	0.22	0.0426
非耐用品制造	80.73	87.11	69.55	3.87	-0.55	-0.22	0.0479
食品、饮料和香烟	81.00	85.76	75.36	2.85	-0.35	-0.95	0.0352
纺织品	79.91	92.88	54.75	8.27	-0.81	0.12	0.1035
服装和皮革制品	77.62	87.22	59.52	5.98	-1.00	0.44	0.0770
造纸	86.74	98.51	74.75	4.52	-0.20	-0.10	0.0521
印刷及相关行业	80.96	95.96	60.87	7.51	-0.67	-0.02	0.0928
石油和煤开采	85.62	96.15	68.89	5.93	-0.68	0.09	0.0693
化学制品	77.60	86.21	65.46	4.36	-0.35	-0.36	0.0562
塑料及橡胶制品	82.14	95.27	59.40	7.27	-0.73	0.09	0.0885
其他制造业	82.12	91.54	60.59	6.57	-1.35	1.70	0.0800
采矿业	87.33	93.56	75.24	3.76	-0.89	0.61	0.0431
电力、煤气公用事业	86.18	96.01	76.41	4.29	0.27	-0.15	0.0498
计算机、通信及半导体行业	78.00	90.76	58.37	6.90	-0.81	0.50	0.0885
计算机及外用设备	78.13	100.50	65.83	6.38	0.64	0.56	0.0817
通信设备	76.70	92.97	42.90	11.32	-1.33	1.32	0.1476
半导体及相关设备	79.87	93.95	59.79	7.83	-0.55	-0.19	0.0980
除高新技术行业外的制造业	78.77	88.27	63.76	4.73	-0.58	0.39	0.0600
未加工行业	80.19	88.54	67.32	4.06	-0.56	0.38	0.0506
初级加工行业	86.31	92.83	76.54	3.27	-0.80	0.56	0.0379
精巧加工行业	80.95	92.42	64.74	5.34	-0.55	0.35	0.0660

注：美联储的统计数据显示，钢铁行业在 1973 年第四季度至 1974 年第一季度产能利用率超过 100%；计算机及外用设备行业在 2010 年第一季度的产能利用率超过 100%。这些超常数值的出现反映了机器超负荷运转、过度折旧的情况。

资料来源：美联储网站公布的统计数据 G. 17 – Industrial Production and Capacity Utilization for Sep. 16, 2013。

"长期产能过剩"（chronic excess capacity）最早由 J. Bain（1962）提出，他认为"产能过剩"是一种长期的倾向，即在需求最大化时期仍存在过剩产能。根据 Bain 的分析，"产能过剩"没有出现在有很高进入门槛的六个行业中，而是出现在只有较低进入门槛的三个行业中。F. Esposito 和 L. Esposito（1974）在 Bain 的基础上进一步研究了市场结构与产业"长期产能过剩"的关系，他们利用美国 35 家制造业行业的数据，发现部分寡头垄断行业在总需求持续上升阶段的"产能过剩"比完全垄断或者垄断竞争行业更严重，资源错配的程度更深。

R. Hall（1986）认为，大多数企业在绝大部分时间产能利用率都不足。在许多行业中，企业由于拥有绝对的市场影响力，使得产品定价超过其边际生产成本，也就是加价总是存在，但可能是由于存在固定成本，即使企业拥有市场垄断力量也没能获得超额利润，因此行业的实际利润并没有理论分析的那么高。他进一步利用美国 1949 年至 1978 年的经验数据，通过量化分析证实了自己的推断，即绝大多数行业保有资本量通常较高，远远超过在给定真实产出水平和实现成本最小化时所需要的水平，这使得企业在绝大多数时间里都是"产能过剩"的。

更为全面的针对"长期产能过剩"的分析应属 J. Crotty（2002）所做的研究。他系统分析了全球市场普遍存在"长期产能过剩"的原因，认为其与两次石油危机及应对其后的通胀所采取的紧缩型宏观经济政策压低了需求有关，与 20 世纪 70 年代末全球主要国家转向新自由主义政策阻碍了世界经济的需求增长、加剧了企业全球竞争压力也有关。他指出，在全球经济自由化不断加深的情况下，商品和货币跨境流动的限制消除，国内寡头垄断市场失去了保护，引发了企业的生存竞争大战，企业以超过新古典或凯恩斯框架所能解释的速度创造了更多的过剩产能。

Y. Gorodnichenko 和 M. Shapiro（2011）利用美国的 SPC 数据库发现，能在很大程度上影响美国制造业产能利用率的资本利用率并不高，每周可用的 168 小时平均只有 55 小时是开工运转的。从历史数

据来看，美国资本利用率自20世纪90年代中期就开始持续下降，这也从侧面支持了先前学者提出的"长期产能过剩"问题。

"产能过剩"问题的长期性，意味着我们需要更加从容地看待中国的"产能过剩顽疾"。中国的"产能过剩"问题并不是近期才提出的，早在21世纪初，钢铁行业就出现了"产能过剩"的问题，不仅一直没有得到很好的解决，反而有愈演愈烈之势。到底是什么原因导致了这样的结果，需要我们仔细研究。Crotty（2002）提出的全球市场普遍存在长期的"产能过剩"的观点有助于我们明确和理解"产能过剩"的长期性并不是中国独有的问题。林毅夫等（2010）指出，中国这样的发展中国家，由于"后发优势"导致的良好的社会共识会引发经济中的资金、企业大量涌入某个行业，出现投资的"潮涌"现象，容易造成"产能过剩"的结果。这一观点也有助于我们了解中国"产能过剩顽疾"的特殊性。

更为重要的是，我们需要仔细审视和客观评价之前为了解决"产能过剩"问题所采取的一系列强制干预式的方法是否恰当。

五 产能利用率具有什么样的影响

国内对"产能过剩"的分析和考虑主要是从资源浪费角度进行的，而国际上宏观层面的分析主要集中在产能利用率的影响上。一部分学者从经济周期波动的角度对"产能过剩"造成的宏观影响进行研究，结论普遍认为，分析产能利用率、判断"产能过剩"的程度，是捕捉经济周期波动特征的关键。另一部分学者则探讨了"产能过剩"与价格波动的关系，侧重分析产能利用率的高低是否是评价通胀压力的有效指标。

通过对经济周期波动的研究，C. Corrado和J. Mattey（1997）认为，产能利用率正是测度经济周期波动的有效指标，而这里的产能利用率是指实际产出水平与足以支撑的最大产出水平或产能的比值，给定行业的产能是实际可持续的（或足以支撑的）最大产出水平，而不

是短期的更高的不可持续的产出水平。同时，他们认为美国产能利用率的门槛值为82%，也就是说，美国产业的实际产能利用率与82%进行对比后，显著过高或过低就很可能预示着经济周期的波动。相比之下，Y. Wen（1998）的分析是在经济学理论分析的一般框架下进行的，整个研究思路更为严谨。他基于产能利用率的提高能加速已有资本存量的折旧的原理，将资本折旧设定为产能利用率的增函数。经过代数推导变形后发现，产能利用率有效改变了生产函数的均衡状态，并加大了技术冲击。在稳态条件下，产能利用率的净边际效应是劳动力的增函数、资本存量的减函数，使得产能利用率的变化与劳动力的变化同向、与资本的变化反向，呈现了产能利用率的弹性效应。因此，产能利用率除对加大技术冲击有直接的乘数效应之外，其对劳动力的正弹性效应会导致间接的乘数效应的产生。他进一步分析指出，如果将传统外部条件设定的规模报酬不变的情形改为温和程度的规模报酬递增，产能利用率将不仅能进一步改变要素分配，也会对总体的规模报酬造成影响。产能的弹性效应和规模报酬效应的存在可以成功解释实际数据估计的劳动产出弹性大于1的情况。Y. Wen 分析得出的总体结论是：产能利用率带来的弹性效应和规模报酬效应，会显著改变经济增长的动态路径，一个足够温和的外部效应能使得增长模型轻易地出现多重均衡和持续性波动。

除了周期性波动，通货膨胀与产能利用率之间的关系也是研究的焦点。从直觉上判断，如果在产能利用率已相当高的情况下或者没有明显"产能过剩"的情况下，市场需求仍然在增加，那么通货膨胀的压力就会上升。R. McElhattan（1978）通过假设产能利用率的双重作用——代表工资决定方程中劳动力市场不景气的程度以及代表价格决定方程中产品市场超额需求的程度，发现产能利用率在82%的基础上每增加 1 个百分点，通胀将加速 0.15 个百分点。M. Shapiro 等（1989）指出，美国 CPI 的变化更依赖于产能利用率而不是失业率。S. Cecchetti（1995）发现，产能利用率与失业率、货币总量、石油价格及敏感材料价格指数四个指标都是最重要的通胀指标。Corrado 和 Mattey（1997）则针对有些学者质疑将产能利用率作为通胀的有效指

示指标的问题作了详尽的探讨。他们认为，尽管美国参与国际经济活动越来越频繁，但是由于外国生产部门的渗透总体比例小，国外的产能利用率也并非总是直接传入美国市场，并且各国经济周期的同步性越来越强，因此用全球资源利用率来代替国内的产能利用率以反映通货膨胀，其效果是非常有限的，产能利用率仍是评价通胀的有效指标，尤其是产能利用率与核心 CPI 之间的正向联系非常紧密。同时，Corrado 和 Mattey 也指出，产能利用率跨期变化的幅度要大于失业率的变化幅度，1% 非加速通胀失业率的典型置信区间（95% 的置信水平）的变化相当于 2.5% 非加速通胀产能利用率的置信区间变化。

从产能利用率对宏观经济波动的影响结果来看，其变化带来的弹性效应和规模报酬效应可以显著影响经济增长的动态路径，因此，监控产能利用率的变动幅度，判定其"合意"区间是非常重要的。那么，如何判定产能利用率"合意"区间呢？目前国际上仍没有统一的标准，基本上都建立在经验数据的基础上。从主要发达国家的平均产能利用率水平来看，欧盟为 82%，与美国差不多；日本为 83%—86%，略高于美欧。印度的平均水平为 70% 左右。而中国的情况较为复杂，各个机构公布的具体数值差别较大，而且统计数据的时间序列长度有限，这都对我们科学判定"合意"区间造成障碍。进一步地，在判定"合意"区间的基础上还应建立"产能过剩"严重等级的判定标准，这个标准的建立有助于分析宏观经济面的整体状况，为公众、企业和政策制定者的预期提供了较为理性的依据。目前国内仍然缺乏权威系统的数据和统一科学的判定标准。

六　如何化解过剩产能：市场还是政府干预

企业间的兼并活动、有效的管理制度、适当的政府干预等都是有效化解"产能过剩"的途径。

A. Berger 等（1999）认为，企业的兼并活动是消除"产能过剩"的有效途径。当出现"产能过剩"的时候，某些企业可能是生产规模

小于有效规模，或拥有无效的生产配置，或处于效率前沿以内。兼并活动可以解决这些效率问题，也可以比破产或其他的方式更有效率地化解过剩产能。

在管理机制方面，一部分学者从公共产品市场失灵的角度，分析了配额制的积极作用。如 B. Runolfsson（1999）指出，冰岛治理渔业的经验表明个人可转移配额制度能够产生理性的经济行为，从而化解"产能过剩"。J. Ward 等（2005）也分析了配额制度在化解渔业过剩产能方面的积极作用。他们提出，如果渔业是完全垄断的，那么过剩产能只是一个短期问题。但是由于单个生产者实际上长期不能对渔业资源享有排外权，因而存在市场失灵问题，即他们减少产能的收益会被其他捕鱼者享有，因此没有主动减少产能的激励。如果管理机制可以赋予他们产权，如采用配额制，就会有助于化解过剩产能。另一部分学者从政府政策的透明度等角度进行了探讨。如 H. Terada（2002）对日本集装箱码头分散化管理制度带来的"产能过剩"问题的分析。他认为，导致日本集装箱码头出现"产能过剩"的第一个原因是港口当局会计系统存在缺陷和财务报表不够透明；第二个原因是与中央政府和地方政府之间通过预算体系和收入分配体制带来的资源配置有关。

在政府干预方面，R. Pomeroy（2012）针对东南亚小规模渔场的过剩产能提出了化解办法。他指出，为了调控产能，管理者需要度量当前渔业的产能是多少，并理解在现有的管理目标下多大的产能是最合适的。唯一可行的解决这一过剩产能问题的办法可能就是以协作和一体化为基础，将资源管理、资源恢复和保护、经济和社区的发展以及政府安排的重新调整等结合在一起的混合策略。

同时，也有学者强调，如果政府干预措施不当，反而会阻碍过剩产能的化解。U. Sumaila 等（2008）提出，根据市场价格信号可以自动化解过剩产能，但前提是政府的补贴行为不能产生反向的激励。由于燃料成本是捕捞的主要生产成本，当前燃料价格的上涨压力可能减少过度捕捞，化解一部分过剩产能，但政府对燃料价格的补贴却可能会破坏这种机制。

虽然学者们已深刻剖析了"产能过剩"的微观形成机制，也广泛探讨了其对宏观经济波动的影响，但是对于"产能过剩"化解方式的分析仍局限于某些特殊行业，比较多的研究主要是针对渔场经营这一带有公共产品性质、属于市场失灵领域的"产能过剩"问题。对于这一现象，可能的解释是，西方国家出现的"产能过剩"主要是市场竞争的结果，其化解自然也不需要过多的政府干预，而是充分利用市场机制，在自由的市场条件下让企业进行良性竞争，不断创新管理模式。政府需要做的主要是提高政策的透明度，在市场失灵的领域适度采取强制干预的方式。

对于中国的"产能过剩"化解方式，首先，需要明确的是，即使我国工业企业真的存在"产能过剩"，也不是短期之内就能化解的，需要配合经济增长方式的改革，建立长效机制。其次，我们认为提高企业产能利用率的关键是减少行政干预、提高市场透明度、尊重市场规律、充分发挥市场的良性竞争机制，这样才能使企业正确捕捉市场信息，相对准确地预期市场需求的波动，明确"产能过剩"带来的成本压力，从而让企业主动释放多余的产能，提高产能利用率。另外，根据美国钢铁行业化解"产能过剩"的经验，主要行业的产能缩减期会对经济造成显著的负面影响。有数据显示，20世纪70年代中期至80年代中期，美国炼钢高炉的数量几乎减少为原来的10%，但是70年代末其信息产业的不断崛起和服务业整体规模的不断壮大有效地冲抵了这种负面影响。因此，中国在化解"产能过剩"的过程中，市场化的模式可能是关键，但短期内难以迅速奏效，而政府干预的模式可以较快起到作用，也有可能造成更长时间的扭曲。需要谨慎权衡两种方式的利弊，做出合适的选择。

七 中国的"产能过剩顽疾"判断及政策解读

对于"产能过剩"这一命题，学术界存在着一些争议，而对于中国的"产能过剩"问题，更存在着诸多似是而非的认识和判断，有关

产能问题的政策也较为混乱，因而需要进一步吸收理论研究的成果，并有机地结合中国的实际，更妥当地认识中国"产能过剩"问题，在此基础上，才能真正解决"产能过剩"问题。目前对于中国"产能过剩"问题的研究和处理有以下几点值得注意：

第一，如何理解和判断中国的过剩产能和产能利用率数据？数据和信息是解决问题的前提，需要强化产能利用率的数据收集和发布工作，以及信息准确获取和披露工作。虽然产能利用率在界定上存在着一些争议和难度，但企业通常对自身的生产情况比较熟悉，因而从企业的问卷调查中能够获取较为准备、完备的信息。由于统计局未系统公布产能利用率的数据，这导致了产能利用率判断上的争议。不过即使统计局公布其数据，同样也存在着可信与否的问题，只能将其作为基本的参考。

值得注意的是，企业在报告其产能利用率数据时，存在着是否如实反馈真实信息的激励和约束问题。事实上，目前国内的企业并没有真实反映其产能利用率数据的激励，反而存在着夸大其产能和产能过剩状况的可能性：通过夸大其产能、降低产能利用率的数据，能够在一定程度上达到发布"产能过剩信号"的目的，从而起到阻止其他厂商进入的意图与意愿；此外，企业夸大其"产能过剩"程度，可以反映出所谓的"资源耗费"状况，以获取更多政策上的好处。目前，对企业不真实报告信息的约束和惩罚事实上都难以实施，因而如何提高信息的可信度将是一个严峻的挑战。从信息获取角度来说，需要更多地从微观层面调查有代表性厂商和行业的产能利用率。

我们的判断是：目前汇总所得的产能利用率数据可能大多数都被低估了，行业协会提供的数据也夸大了"产能过剩"的问题，实际上，大部分企业的产能利用率仍然处于适度的水平。随着经济形势的转变，产能利用率会回升。

第二，如何正确判断"产能过剩"问题？我们认为，对"产能过剩"的强调可能过头了，存在着由企业和行业推动的政策性扭曲。不排除少数企业为了获取政策支持而夸大了"产能过剩"的情况，也不排除少数国有企业和重点行业在一定程度上引导了消除"产能过剩"

政策的出台。清理和化解产能过剩在政策上主要表现为"淘汰和清理落后产能",特别是产能较小的企业,这种政策一定程度上维护了大企业的利益。基于这种政策特性,化解"产能过剩"的政策有可能进一步扭曲"产能过剩"问题,加剧"产能过剩顽疾"——因为规模大、高产能的企业在当前的政策中会受到保护,所以"大而不倒"成为主要信条,扩大规模和产能仍然是企业的主要选择,这将进一步提高企业和行业的产能。这种逻辑促使产能不断扩大,化解"产能过剩"的政策却导致了产能进一步扩大和过剩,这就是"产能过剩顽疾"的政策怪圈。因而,在政策层面上不过多地强调"产能过剩"可能正是解决该问题的关键。

第三,如何准确分析"产能过剩"的原因?我们的判断是:中国的产能利用率较低或"产能过剩"的顽疾,更可能是由国有企业和政府行为的扭曲所致。从宏观层面看,总需求在近几年呈现出了大幅度的波动:受次贷危机影响,外部需求下降,从而降低了有效需求,产能利用率有所下降,此后国内的刺激政策出台,从另外一个层面急剧拉高了总需求,宏观运行态势和宏观政策导致了总需求的过度波动,这是产生产能利用率波动的根本原因。从微观层面看,国有企业微观利益机制和约束机制不强,更多地谋求政治利益或争取政策支持,这种特殊的利益机制,可能是导致产能利用率在经济不景气时进一步降低的主要原因。由于中国的宏观经济调控历来比较积极,经济不景气时,决策层通常会出台一些刺激政策,这种刺激政策从短期看不具备经济可行性,因而主要是由国有企业来配合实施,国有企业为了获得政策支持迎合宏观刺激政策,会进行相应的投资,从而扩大生产规模,而由于存在着投资时滞,有可能在下一波经济不景气的初期,其产能利用率会较低。地方政府也是扩大产能的一个重要推手,其为了产出和规模,会利用中央政府刺激政策,为企业的扩张进一步提供各种显性的补贴、隐性的土地等支持,而在中央政府试图压缩产能时,则采取变相的拆小变大的手段进一步增加产能。

简单地说,宏观的刺激政策、地方政府的产出偏好及隐性补贴、国有企业的大幅度投资扩张等因素使得中国的产能不断增加,同时由

于需求的波动，使得所谓的"产能过剩"问题不时出现。

第四，如何正确理解产能问题？我们强调，需要回归和重视产能利用率的预警和宏观景气指标的作用，强化其宏观景气的监控作用。产能利用率更多地应该用作宏观景气预警指标，而无须从资源耗费和产能浪费角度过度解读，以致本末倒置。产能利用率通常会随着需求的变化而变化，但投资与需求的变动之间存在着时滞效应，因而产能利用率在某些时间点会较低，这不足为怪，应该更加客观接受，而不需要过度强调。2013年产能利用率整体较低，但年底已经逐步回升，意味着整体经济已经开始好转。

第五，如何恰当评估当前化解"产能过剩"的政策？我们的看法是：目前出台的政策措施可行性需要再考量，应谨慎实施。整体看，可能难以真正奏效。首先，目前出台的政策并没有真正把握产能利用率的本质和核心，缺乏实质性的深入分析和理论支撑，更多的是就事论事。其次，就内在的原因看，"产能过剩"的化解本质上是又一重"政府主导"的独特调控方式，其实质还是将政策的力量凌驾于市场。虽然在政策主张上，将原先的增量调整模式改为存量调整，但事实上，很难期望存量调整能真正得以实施。从以往的经验看，某些企业很有可能在地方政府默许下，将小产能转换为高产能设备或生产线，以规避政策约束。最后，政策可执行性不高。在设计具体政策时，忽略了机制设计的内容，具体执行者有没有充足的激励和约束去贯彻实施这些政策。我们不能只是强调应该做什么，更需要考虑实际执行者行为特征，考虑其会不会去实施这些政策，可以对执行者采取什么样的激励及约束手段。通常激励比较容易，而约束由于信息等限制，通常较难有效实施。从实际情况看，无论是国有企业、行业协会、主管部门、还是地方政府，并没有压缩产能的激励和动力，仅仅靠行政指令，并不能真正达到压缩和调整产能的目的。可以预见的是，调整产能的政策将难以顺利实施，越调整，产能越大，"产能过剩顽疾"仍会继续存在。

第六，如何实施长效机制和政策？我们的观点是：就政策选择方面，需要更多地理顺价格机制，强化环境标准，让更多的居民参与才

是政策得以实施的重要保证。当前对钢铁等行业的"产能过剩"和产能利用率的关注，很大程度上跟排放和环境污染有关，其主要原因在于，资源和环境等并没有得到恰当定价。

因而，在化解落后产能的长效机制上，首先，需要更多地从市场机制入手，对资源和环境进行定价，通过影响成本等方式引导微观层面的资源配置，减少地方政府的各项补贴措施，提高水电资源使用、"三污"排放等费用，并强化国有企业的利益机制。其次，就主管部门的具体政策而言，应更多地从环境标准层面强化前期的准入和后期的监管。在具体政策上，需要更多地通过环境标准等方式来实施，加大环境监督力度。最后，在政策实施的过程中，需要引入更多的监督主体，比如环境污染方面，由于污染与所在地居民相关，而地方政府在短期内并没有控制污染的真正动力，反而可能会为了提高 GDP 而发展有污染的产业和企业，而中央政府和主管部门由于信息和执行力等问题，很难做到完全监管，因而，如何让有切身利益关联的居民参与监督才是解决问题的最佳方法。

参考文献

[1] 林毅夫、巫和懋、邢亦青：《"潮涌现象"与产能过剩的形成机制》，《经济研究》2010 年第 10 期。

[2] 范阳阳：《中国产能利用率测算》，《方正证券研究所证券研究报告》，2013 年 10 月 29 日。

[3] 付宗保：《关于产能过剩问题研究综述》，《经济学动态》2011 年第 5 期。

[4] 中国社会科学院工业经济研究所课题组：《治理产能过剩的关键在于完善市场体制、理顺市场与政府关系》，研究报告。

[5] Bain, J. S. , *Barriers to New Competition*, Cambridge：Harvard University Press, 1962.

[6] Benoit, J. P. & V. Krishna, "Finitely Repeated Games", *Econometrica*, 1985, 53 (4)：905 – 922.

[7] Berger, A. N. , R. S. Demsetz & P. E. Strahan, "The Consolidation of

the Financial Services Industry: Causes, Consequences and Implications for the Future", *Journal of Banking & Finance*, 1999, 23 (2 – 4): 135 – 194.

[8] Berndt, E. R. & C. J. Morrison, "Capacity Utilization Measures: Underlying Economic Theory and an Alternative Approach", *The American Economic Review*, 1981, 71 (2): 48 – 52.

[9] Bulow, J., J. Geanakoplos & P. Klemperer, "Holding Idle Capacity to Deter Entry", *The Economic Journal*, 1985, 95 (377): 178 – 182.

[10] Cecchetti, S. G., "Inflation Indicators and Inflation Policy", http://www. nber. org/chapters/ c11019, 1995.

[11] Chamberlin, E., *The theory of monopolistic competition*, Cambridge: Harvard University Press, 1947.

[12] Corrado, C., C. Gilbert, R. Raddock & C. Kudon, "Industrial Production and Capacity Utilization: Historical Revision and Recent Development", *Federal Reserve Bulletin*, February, 1997: 65 – 92.

[13] Corrado, C. & J. Mattey, "Capacity Utilization", *Journal of Economic Perspectives*, 1997, 11 (1): 151 – 167.

[14] Cowling, K., "Excess Capacity and the Degree of Collusion: Oligopoly Behavior in the Slump", *The Manchester School*, 1983, 51 (4): 341 – 359.

[15] Crotty, J., "Why There is Chronic Excess Capacity", *Challenge*, 2002, 45 (6): 21 – 44.

[16] Davidson C. & R. Deneckere, "Excess Capacity and Collusion", *International Economic Review*, 1990, 31 (3): 521 – 541.

[17] Demsetz, H., "The Nature of Equilibrium in Monopolistic Competition", *Journal of Political Economy*, 1959, 67 (1): 21 – 30.

[18] Dixit, A., "The Role of Investment in Entry – Deterrence", *The Economic Journal*, 1980, 90 (357): 95 – 106.

[19] Esposito, F. F. & L. Esposito, "Excess Capacity and Market Structure", *The Review of Economics and Statistics*, 1974, 56 (2): 188 – 194.

[20] Fare, R. , S. Grosskopf & E. C. Kokkelenberg, "Measuring Plant Capacity, Utilization and Technical Change: A Nonparametric Approach", *International Economic Review*, 1989, 30 (3): 655 - 666.

[21] Gorodnichenko, Y. & M. D. Shapiro, "Using the Survey of Plant Capacity to Measure Capital Utilization", *Studies Paper*, No. CES - WP - 11 - 19, 2011.

[22] Guan, Z. et al. , "Measuring Excess Capital Capacity in Agricultural Production", *American Journal of Agricultural Economics*, 2009, 91 (3): 765 - 776.

[23] Hall, R. E. , "Chronic Excess Capacity in U. S. Industry", *NBER Working Paper*, No. 1973, 1986.

[24] Kamien, M. I. & N. L. Schwartz, "Uncertain Entry and Excess Capacity", *The American Economic Review*, 1972, 62 (5): 918 - 927.

[25] Kirman, W. I. & R. T. Masson, "Capacity Signals and Entry Deterrence", *International Journal of Industrial Organization*, 1986, 4 (1): 25 - 42.

[26] Klein, L. R. , "Some Theoretical Issues in the Measurement of Capacity", *Econometrica*, 1960, 28 (2): 272 - 286.

[27] Mathis, S. & J. Koscianski, "Excess Capacity as a Barrier to Entry in the U. S. Titanium Industry", *International Journal of Industrial Organization*, 1996, 15 (2): 263 - 281.

[28] McElhattan, R. , "Estimating a Stable Inflation Capacity Utilization-rate", http://www. frbsf. org/economic - research/files/78 - 4 _ 20 - 30. pdf, 1978.

[29] Morin, N. & J. Stevens, "Estimating Capacity Utilization from Survey Data ", http://www. federalreserve. gov/pubs/feds/2004/200449/200449pap. pdf, 2004.

[30] Pindyck, R. S. , "Irreversible Investment, Capacity choice, and the Value of the Firm", *The American Economic Review*, 1988, 78 (5): 969 - 985.

[31] Pirard, R. & L. C. Irland, "Missing Links between Timber Scarcity and Industrial Overcapacity: Lessons from the Indonesian Pulp and Paper Expansion", *Forest Policy and Economics*, 2007, 9 (8): 1056 – 1070.

[32] Pomeroy, R. S., "Managing Overcapacity in Small – scale Fisheries in Southeast Asia", *Marine Policy*, 2012, 36 (2): 520 – 527.

[33] Runolfsson, B., "On the Management Measures to Reduce Overcapacity in Icelandic Fisheries", *A Short Report for the Ministry of Fisheries*, 1999.

[34] Shaikh, A. M. & J. K. Moudud, "Measuring Capacity Utilization in OECD Countries: A Cointegration Method", *The Levy Economics Institute of Bard College Working Paper*, No. 415, 2004.

[35] Shapiro, M. D., R. J. Gordon & L. H. Summers, "Assessing the Federal Reserve's Measures of Capacity and Utilization", *Brookings Papers on Economic Activity*, 1989 (1): 181 – 241.

[36] Smithies, A., "Economic Fluctuations and Growth", *Econometrica*, 1957, 25 (1): 1 – 52.

[37] Sumaila, U. R. et al., "Fuel Price Increase, Subsidies, Overcapacity, and Resource Sustainability", *Journal of Marine Science*, 2008, 65 (6): 832 – 840.

[38] Terada, H., "An Analysis of the Overcapacity Problem under the Decentralized Management System of Container Ports in Japan", *Maritime Policy & Management*, 2002, 29 (1): 3 – 15.

[39] Ward, J. M., P. Mace & E. M. Thunberg, "The Relationship of Fish Harvesting Capacity to Excess Capacity and Overcapacity", *Marine Resource Economics*, 2004, 19 (4): 525 – 529.

[40] Wen, Y., "Capacity Utilization under Increasing Returns to Scale", *Journal of Economic Theory*, 1998, 81 (1): 7 – 36.

第二章 产能扩张

——产能增加的事实性描述及成因分析

一 引言

中国自 1980 年以来，生产能力快速提升。无论从总量，还是从人均量看，产能增加都非常大。如何更客观地衡量产能的提高，并解释这种产能增长的原因，对于理解中国经济的快速增长及预期后续发展都很重要。

一方面，客观地衡量产能扩张可以更好地评价中国经济发展的现状，因而从生产层面衡量整体经济能力，可以在一定程度上避免由于货币引起的价格干扰。在很长时间内，对中国经济发展水平的判断存在着较大的争议，部分原因在于统计数据本身的缺陷及对数据真实性的怀疑。过去三十几年来，中国经济的显著特性就是生产能力的提升和工业部门的大幅度扩展，因而从实物层面衡量中国经济的变化，可以较客观和直接地反映出中国实际发展水平的变化。

另一方面，客观地衡量产能扩张也可以为后续的经济发展提供一种视角，分析后续发展动力。对于中国经济的发展潜力，一直也存在着种种争议。在经验层面，对于收敛设定（趋同假设）是否适合，以及所谓的"中等收入陷阱"是否存在都有着广泛的争议。而在理论层面，如何解释各国之间的发展差异仍然是尚未解决的难题。

本章试图从生产层面理解经济发展及产能变化问题，基于生产能力

的研究可能会在一定程度上减少货币因素的干扰，提供更可靠的证据。

二 产能增加的描述性分析

可以从以下几个层面来衡量产能快速增长的事实：第一，总的生产能力，包括衣食住行，反映产能总量（见表 2-1）；第二，人均产量，衡量平均生产能力，剔除人口变动因素（见表 2-2）；第三，每年新增加的产量，反映变动趋势（见表 2-3）。

我们更多地侧重在实物层面反映生产能力的提高，这种方式可以较好地避免货币量增加带来的价格干扰。当然，这种方法也存在一些问题，包括加总问题、质量更替问题。

从时间序列层面看，经过 30 多年的改革开放，中国产能快速扩张，粗钢、水泥、发电量等主要工业品的人均产量在 1978—2014 年分别增长了约 17.1 倍、25.8 倍和 15.4 倍。

表 2-1　　　　　全国规模以上工业主要产品生产能力

产品名称	2013 年	2014 年
天然原油（万吨）	21882.88	22062.10
卷烟（亿支）	37612.37	38219.42
原油加工能力（万吨）	63054.74	68568.31
焦炭（万吨）	65316.70	66472.62
烧碱（万吨）	3524.36	3779.67
碳化钙（电石，折 300 升/千克）（万吨）	3103.09	3284.53
初级形态塑料（万吨）	7371.44	8705.49
农用氮、磷、钾化学肥料总计（折纯）（万吨）	9969.76	9881.40
化学纤维（万吨）	5175.22	5340.24
水泥（万吨）	337512.77	346613.70
平板玻璃（万重量箱）	92786.86	94678.84
粗钢（万吨）	110537.47	112851.03
钢材（万吨）	145777.90	153842.59

续表

产品名称	2013 年	2014 年
原铝（电解铝）（万吨）	3121.80	3549.42
金属切削机床（万台）	117.42	134.55
汽车（万辆）	2783.84	3051.65
其中：基本型乘用车（轿车）（万辆）	1367.65	1463.25
家用电冰箱（万台）	12220.09	12522.26
房间空气调节器（万台）	20829.32	22932.85
移动通信手持机（手机）（万台）	187987.06	204015.39
微型计算机设备（万台）	46252.49	48746.37
彩色电视机（万台）	19288.54	21519.98
发电设备容量总计（万千瓦）	118999.44	132854.66
其中：火电设备容量（万千瓦）	85625.09	93569.21
水电设备容量（万千瓦）	24298.41	27182.01
核电设备容量（万千瓦）	1485.04	2031.77
风电设备容量（万千瓦）	6552.16	7891.37

表 2－2　　　　　人均主要工业产品产量（1978—2014 年）

年份	原煤（吨）	原油（千克）	纱（千克）	布（米）	机制纸及纸板（千克）	水泥（千克）	粗钢（千克）	发电量（千瓦时）
1978	0.65	108.82	2.49	11.54	4.59	68.23	33.24	268.36
1980	0.63	107.97	2.98	13.73	5.45	81.39	37.83	306.38
1985	0.83	118.83	3.36	13.96	8.67	138.86	44.52	390.75
1990	0.95	121.84	4.08	16.63	12.09	184.74	58.45	547.22
1995	1.13	124.53	4.50	21.59	23.34	394.74	79.15	836.39
1996	1.15	129.22	4.21	17.17	21.67	403.42	83.15	888.10
1997	1.13	130.68	4.55	20.23	22.22	416.02	88.57	923.16
1998	1.07	129.64	4.36	19.41	17.12	431.58	93.07	939.66
1999	1.09	127.72	4.53	19.96	17.24	457.40	99.19	989.28
2000	1.10	129.09	5.20	21.94	19.70	472.82	101.77	1073.62
2001	1.16	128.91	5.98	22.80	29.70	519.75	119.22	1164.29
2002	1.21	130.43	6.64	25.18	36.45	566.23	142.43	1291.78

续表

年份	原煤（吨）	原油（千克）	纱（千克）	布（米）	机制纸及纸板（千克）	水泥（千克）	粗钢（千克）	发电量（千瓦时）
2003	1.42	131.64	7.63	27.44	37.64	669.11	172.57	1482.91
2004	1.64	135.70	9.96	37.20	41.77	745.96	218.28	1699.99
2005	1.81	139.10	11.13	37.15	47.60	819.84	270.95	1917.79
2006	1.96	140.93	13.29	45.66	52.35	943.36	319.71	2185.88
2007	2.09	141.38	14.86	51.24	59.13	1032.85	371.27	2490.01
2008	2.19	143.77	15.52	54.58	63.45	1074.66	379.76	2617.20
2009	2.34	142.34	17.02	56.59	67.34	1234.90	429.81	2790.33
2010	2.56	151.76	19.23	59.80	73.50	1406.82	476.36	3145.06
2011	2.80	150.93	20.22	60.57	81.92	1561.80	509.83	3506.37
2012	2.92	153.61	22.09	62.85	81.12	1636.08	535.93	3692.58
2013	2.93	154.65	23.57	66.13	83.42	1782.29	599.05	4001.56
2014	2.84	154.98	24.77	65.51	86.39	1826.67	602.74	4141.10

表2-3　　新增主要工业产品的生产能力

产能名称	2010年	2011年	2012年	2013年	2014年
原煤开采（万吨/年）	38706	41281	39852	39915	29545
焦炭（万吨/年）	7729	7078	6125	6692	4996
天然原油开采（万吨/年）	3553	3490	2494	2731	2717
天然气开采（亿立方米/年）	189	315	274	146	157
铁矿开采（原矿）（万吨/年）	13333	16256	20297	23684	13337
生铁（万吨/年）	1939	3471	3662	1443	1263
粗钢（万吨/年）	1355	2481	1853	2487	2258
铜采矿（原矿）（万吨/年）	2142	2022	2882	4369	2334
处理原矿（万吨/年）	1110	1322	3208	2869	1481
铜含量（吨/年）	48707	37470	47766	58709	65996
铜冶炼（吨/年）	1543482	1828610	1460564	1317224	1231160
其中：电解铜（吨/年）	669100	712000	686934	611067	429100
铅锌采矿（原矿）（万吨/年）	1775	3365	3659	3578	4006

产能名称	2010 年	2011 年	2012 年	2013 年	2014 年
处理原矿（万吨/年）	1908	1556	1538	1065	1264
产出铅精矿含铅量（吨/年）	171634	174629	185335	194885	196955
产出锌精矿含锌量（吨/年）	133520	65305	215587	235067	143725
铅冶炼（吨/年）	1007309	776874	865966	605881	559515
其中：电解铅（吨/年）	259073	401530	341200	319900	140000
锌冶炼（吨/年）	1271247	842220	658180	635841	518813
氧化铝（吨/年）	3466170	1653240	1641524	2135400	1645613
电解铝（吨/年）	1581992	2073348	2861219	2866584	1645297
发电装机容量（万千瓦）	9198	9800	8971	10650	11098
水力发电（万千瓦）	1450	1477	2200	3581	2396
火力发电（万千瓦）	5311	5608	3755	3943	4374
核能发电（万千瓦）	515	175	310	232	505
风能发电（万千瓦）	—	2027	1783	1712	2142
太阳能发电（万千瓦）	—	—	—	758	1127
其他发电（万千瓦）	1922	514	923	425	554
水泥（万吨/年）	43612	36946	36095	34030	24996
平板玻璃（万重量箱/年）	17752	9009	8325	9833	8865
氮肥（吨/年）	5571774	4327923	5794220	5980099	5833138
磷肥（吨/年）	2084227	1635817	2304059	1565680	1196202
钾肥（吨/年）	1155773	1752160	2262290	1097975	1123140
塑料树脂及其聚合物（吨/年）	6449426	4216587	6839554	7239904	6828288
轮胎外胎（万条/年）	6697	9744	12562	9118	8656
轮胎内胎（万条/年）	4739	2055	2668	1796	2046
载货汽车制造（辆/年）	134600	290578	244871	112830	124200
客车制造（辆/年）	211020	371708	393728	191322	190200
轿车制造（辆/年）	855453	1226339	1366160	1716975	2119261
其他汽车制造（辆/年）	109837	209992	212052	191345	84238
电视机（万部/年）	327	384	569	539	668
化学纤维（吨/年）	2120522	4835546	4053366	4607954	6442328

产能名称	2010 年	2011 年	2012 年	2013 年	2014 年
棉纺锭（锭）	9730125	11104767	11616127	9970292	8401945
啤酒（万吨/年）	290	376	379	267	275
白酒（万吨/年）	175	199	290	202	143
其他酒（万吨/年）	56	26	47	113	101
卷烟（箱/年）	1083600	1097000	1320000	1630800	1750000
机制纸浆（万吨/年）	234	214	190	148	114
家用电冰箱（万台/年）	612	965	1673	803	315
家用洗衣机（万台/年）	443	739	397	318	555
新建铁路里程（公里）	5017	3657	4669	5830	8739
新建公路（公里）	72392	55041	68846	61589	65352
改建公路（公里）	124983	76299	66732	64258	68689
年吞吐量（万吨/年）	21848	25417	43936	29342	39239
泊位（个）	196	202	269	298	337
城市自来水供水能力（万吨/日）	1622	1569	1942	1131	1400

注：本表与表 2-1 主要变量不对应，也不等于表 2-1 的变动值。

三 产能扩张的成因分析
——企业、市场、政策还是制度

"去产能"任重道远。2016 年年初，国务院分别发布了关于钢铁行业、煤炭行业化解过剩产能的指导意见，规定从 2016 年开始，用 5 年时间压减粗钢产能 1 亿—1.5 亿吨，用 3—5 年的时间，使煤炭行业产能减少 5 亿吨左右，减量重组 5 亿吨左右。按此目标，未来 5 年共削减钢铁行业产能 9%—13%、煤炭行业产能 9%。

我们的观点是：一方面，产能增长是中国经济增长奇迹的直观体现和最大贡献者，也符合国际规律，不宜过分夸大。事实上，包括钢铁等代表工业化特征的产能一直是历史上中国所追求的目标，也是中

国经济成功的重要经验。中国在过去十多年中经历了两次较严重的经济过热,投资导致大量产能增加。而发达国家在过去一两百年间也经历了多次经济周期,同样表现为"产能过剩"。我们通过国际比较发现,欧美国家的工业产能利用率普遍不高,因此对于我国"产能过剩"现象也无须过分关注。而且,新旧经济动能转型期,国际社会都长期出现过 PPI 和 CPI 的背离现象,如日本 1984—1999 年、韩国 1981—1995 年、中国台湾 1981—1993 年、菲律宾 2007—2014 年都经历了 PPI 下降而 CPI 上涨的背离,并且持续时间都在八年以上。所以,我国的去产能也是一个长期问题。

另一方面,"去产能"的制度设计和政策选择一定要结合中国发展"特性",以中国过剩产能的特殊成因为基础,要治标,更要治本。中国过剩产能有其特殊性,经济周期和市场失灵理论都不足以解释中国"产能过剩"问题。目前,对于中国过剩产能的成因,社会上普遍存在如下几种理论观点:①正常规模的投资形成的生产能力在经济衰退期表现为暂时的过剩;②建立过量产能是企业在寡头竞争中的策略性行为;③对行业发展前景的社会共识会引发投资的"潮涌"现象;④技术壁垒较低导致企业过度进入。然而,以上观点均不能解释"已经存在'产能过剩'的产业仍不断有新增投资""环保等进入门槛被人为压低"等问题,需要探究深层次的制度原因。

我们将在下文对企业策略和经济周期、市场壁垒和潮涌、补贴和产业政策、官员晋升和审批制度等各种主流观点进行梳理,并加以分析,以给出更为符合国情的"产能过剩"深层原因。

(一) 宏观经济及企业行为层面

从宏观经济层面来看,"产能过剩"主要是由需求下滑所致,也可以从经济周期方面来理解。而从企业行为层面来看,生产的不协调是导致"产能过剩"的首要原因,另外,"产能过剩"部分程度上也是企业为了应对潜在进入者的主动策略选择。

1. 宏观层面:供求不对等、经济周期

钢铁产能和实际产量增长的同时,钢铁需求不断下滑。过去十年来,钢铁产业一直高速扩张,经济高速增长时可以消化这些产能,然

而最近几年，中国经济进入了中高速增长阶段，投资下滑导致钢铁需求下降，主要表现为房地产投资、基建投资和工业增长乏力，钢铁产能供大于求的矛盾日益显现。

一方面，需求在下滑。中国制造业采购经理指数（PMI）长期低于50%，表明企业信心不足，其库存不断累积。根据中钢协的预测，2020年、2025年和2030年的钢铁消费将由2014年的7.02亿吨依次下降到5.97亿吨、5.52亿吨和4.92亿吨。日本的经验也表明，1991年房地产泡沫破裂之后，"僵尸企业"的占比快速上升（Caballero等，2008）。另一方面，供给难以快速地作出适应性调整。钢铁高炉关停和重启的成本较高，除非价格达到甚至低于可变成本才会关停。高炉、设备等资金投入具有较强的专用性，一旦停产则难以另作他用，价值尽失。而且，由于存在政府的软预算约束和高额的银行贷款，企业可以把供大于求的风险转移给政府和银行。[①] 耿强等（2011）认为，政府的不当干预使企业的投资风险显著外部化了。

另外，由于受到经济周期波动的影响，正常规模的投资形成的生产能力在经济衰退期则可能表现为暂时的过剩（王立国和张日旭，2010）。

2. 企业层面：生产不协调、策略性行为

企业在投产时，往往采取顺经济周期的行为，但是实际生产却存在滞后效应，导致动态不一致现象的产生。在经济高速增长时，尤其是在"四万亿"刺激政策推动下，基础设施快速上马，钢铁等产业高估了市场需求，没有看到长期需求的下降趋势，产能扩大后才发现市场已经在萎缩。而且，政府审批时间长，再加上建造的时间，项目真正投产时可能已经落后于市场的需求。Clark（1940）认为，因为长期均衡的条件与短期目标无法协调一致，市场竞争中不完善的因素总会存在，务实的公共政策目标应建立在协调机制之上。

---

① 在一定程度上，政府和银行被"产能过剩"企业所绑架，一旦它们退出市场，对政府而言，就意味着税收减少和失业增多，以及当初审批决策失误的问责；而对银行而言，则意味着贷款风险的出现，以及内部问责。当初造成"产能过剩"的"幕后推手"，现在成了化解"产能过剩"的执行主体，他们是否有这个能力和魄力呢？

　　同时，企业间的扩大生产行为不协调。企业决策缺少行业整体眼光，在产量博弈中存在信息不对称甚至无视对方的博弈信息，将对方产量静态化，觉得扩大生产抢占份额对自己有利，而这些企业都扩大产量的后果就是行业"产能过剩"。而且，由于钢铁、水泥等产业技术壁垒低，资金密集投入就可以短期内建厂投产，政府放纵甚至鼓励企业大量进入，资源被竞争性地过度使用，造成了"公地悲剧"现象的出现。更严重的问题是，钢铁等行业在需求快速扩张时利润丰厚，并无通过研发提高技术的动力，未能居安思危；而且钢铁行业研发成本高，收益不确定性大。这就导致了我国"产能过剩"产业长期处于产业链低端而不求上进。

　　还有学者证明，建立过量产能是企业在寡头竞争中的策略性行为（Dixit，1980；Benoit、Krishna，1987；Mathis、Koscianski，1996），企业保有一定的过剩产能可以应对多变的市场经济环境（钟春平、潘黎，2014）。Chamberlin（1933）的《垄断竞争理论》最早从微观视角给出了"产能过剩"的定义，即企业实际生产能力相对于市场需求的过剩，并基于两个维度对"产能过剩"的必要性作了讨论：一是企业为应对生产经营过程中的各种意外冲击，有必要保持一定程度的过剩产能。二是从竞争和规模经济角度看，如果一个行业的产能过度集中于一家企业，可能不利于竞争；如果过于分散，又不利于实现规模经济。不同行业由于经济技术特点和市场需求特点的差异，需要在竞争和规模经济效应之间进行平衡以确定最佳产能利用率。简言之，一定的过剩产能是在位企业对潜在进入者设置的可置信威胁或进入壁垒。

　　以上文献主要关注市场供求、经济周期、产业组织，这些因素导致的"产能过剩"是市场经济的一般现象，在世界各国基本都会存在。例如，Hall（1986）认为大多数企业在绝大部分时间产能利用率都不足。然而，它不能解释中国部分行业的过剩产能远超其他国家的事实，也不能解释中国某些产业在"产能过剩"条件下企业仍会继续进入的现象。这些中国特有的过剩产能问题的形成，显然有其特殊的制度原因。

（二）市场失灵的有关论述：潮涌、进入壁垒、环保

市场失灵导致"产能过剩"的假说主要有三方面内容：一是"潮涌"现象，二是低门槛导致过度进入，三是环保执行不力。

1. 潮涌理论

林毅夫（2007）、林毅夫等（2010）提出"潮涌"理论，认为对行业发展前景的社会共识，会引发投资的"潮涌"现象，进而导致"产能过剩"。然而，"潮涌"理论的基本假设并不成立，企业对行业需求不存在所谓的共识（江飞涛等，2012），"潮涌"只是产能快速增长的结果而非原因。更重要的是，该理论无法解释"已经存在'产能过剩'的产业仍不断有新增投资"的现象。

2. 进入壁垒

有学者提出，产能增加的技术层面的原因是进入壁垒低，技术难度不大。过剩产业一般是资本密集型产业，而不是技术密集型产业，投资容易在短时间内急剧增加。可以以自由进入的企业数量可能会大于社会福利最大化情况下的企业数量（即过度进入定理）解释过度竞争或"产能过剩"（张军，1998）。这一论点难以成立，因为市场机制本身就提供了一些防止过度进入的壁垒，例如价格机制调节产能供给。而且，它忽略了一个重要事实，技术只是企业投资生产的一个方面而不是全部，环评、能评等都是投产的必要条件，虽然其在中国并没有得到较好的执行（杨蕙馨，2004）。不少国家对有些过剩行业也会制定进入门槛，限制过度竞争。但是，一般是在技术标准、环保标准等方面制定门槛，而我国政府却强调在企业性质和企业规模方面设定限制。因此，与其说是技术标准低导致了过度进入，不如说是由于忽视其他标准所致。

3. 环境保护程度低

从企业成本角度看，过剩行业的生产过程一般都有较强的负外部性，环保成本未被纳入私人成本，导致企业生产规模超过社会最优的生产规模，这是典型的市场失灵的表现。

在实际操作中，受到已有市场力量扭曲等多种因素的制约，环境政策制定者往往并没有按照最优条件进行政策设计（Fowlie 等，

2016)，环境污染监管一直存在问题。根据现行相关法律法规，地方环保部门接受上级环保部门和当地政府的双重领导，在业务上听命于上级环保部门，在预算和人事上受当地政府的控制。在这样的制度安排下，环保监管在和地方经济发展的博弈中通常处于劣势，很多地方政府为了经济发展，往往会对污染企业"网开一面"。Harrison 等（2015）认为，行政命令在限制污染企业进入和增加排污设备投资方面比市场调节更加有效。Agrawal（2016）使用美国不同层级政府税率设置的数据实证发现，当地政府在和上级政府的垂直竞争中一般采用互补策略，即地方会加强中央放松的管制，而对于中央管理严格的领域会变相放宽甚至鼓励。Li 等（2016）提出，在城市工业设施规划、建设和运转的不同阶段，解决环保诉求的成本并不相同，阻止新工厂落户比要求一个已建成的工厂停止运转容易得多，成本也小得多。

所以，中国环境保护程度低，与其说是市场失灵结果，不如说是由于政府制度设计缺失和监管不严所致。因此，市场失灵导致"产能过剩"假说的三方面内容都可以进一步归为深层次的制度性原因。

（三）政府政策的扭曲：产业政策、补贴政策、化解过剩产能的相关政策

本部分我们从经济政策角度探究政府对过剩产能的影响，首先分析产业政策的相关作用，其次是补贴政策，最后考察现行化解过剩产能的相关政策的实施效果。

1. 产业政策

产业政策通过选择性扶持某些产业或某些大企业破坏市场机制对资源的配置作用。通过各种定向的行政性措施，我国的产业政策呈现出典型的选择性。对特定行业、企业的选择性扶持虽然在短期可以实现重点行业的振兴，但从长期来看却会影响市场在资源配置中的作用，导致资源在某些行业或企业过度集中，特别是在经济下行压力下，往往会带来"产能过剩"等问题。郭庆旺和贾俊雪（2006）指出，地方政府在财政利益和政治晋升的双重激励下，总是有利用违规税收和土地优惠政策进行引资的强烈动机，继而引发企业的投资

冲动。

江飞涛和李晓萍（2010）认为，中国产业政策的一个显著特点就是以政府的判断和选择来代替市场机制；以政府对于产品、技术和工艺的选择，来替代市场竞争过程中对于产品、技术和工艺的选择；以政府对市场供需状况的判断以及供给控制来代替市场的调节机制。实施这样的产业政策，需要关于生产成本、消费者偏好、开发新产品及实现技术创新的完全信息，而这些信息只能依靠市场竞争过程的展开而逐渐显示和暴露出来，在产生这些信息之前是无法获取的（Lavoie，1985）。并且这些信息具有主观性、私人性和分散性，伴随着默示性并与特定时空有关，无法进行汇总，政策制定部门无法利用这些信息进行有意义的统计并据此进行正确的经济计算和预测（江飞涛等，2007）。

政策部门以其自身对市场供需状况的判断以及对未来供需形势变化的预测来判断某个行业是否存在"产能过剩"，并以此为依据制定相应的行业产能投资控制目标和控制措施，这实际上是以政策部门的判断和控制来代替市场调节机制，是计划经济思维，而曾经的经验证明，这种方式是行不通的。例如，在财政收入、就业等地方利益的推动下，资源所在地政府对稀土产业的重视程度不断提升，纷纷提出稀土产业发展规划，严格控制稀土矿权和矿产品流通，从而造成大量的重复建设，加剧了稀土初级产品的"产能过剩"。

我国以往的宏观调控政策基本上是"治标不治本"，造成这种局面的原因有两个：一是信息不对称，中央政府很难对行业未来发展趋势做出准确判断；二是中央政府对中、微观经济活动干预过多，没有做好自己"守夜人"的角色。中央政府在制定产业发展政策时，往往对整个行业未来发展趋势考虑不足，即经济政策缺乏前瞻性。例如，2008 年爆发的金融危机严重威胁到我国的经济金融安全，为了保持经济平稳增长，政府出台了 4 万亿元的投资计划以及十大产业振兴政策来应对金融危机带来的挑战。由于 4 万亿元投资计划的投资方向主要是基建类项目，而需要振兴的十大产业大部分也基本属于制造业范畴，因而在此后的两年中，钢铁产能基本上能够被基建、房地产、制

造业等项目消化吸收，产能问题并不严重。但 2010 年政府为了控制房价过快上涨以及减少基建项目不受节制的投资，出台了一系列调控政策，包括停止对房地产和基建项目的贷款、48 个城市采取限购措施、实行汽车摇号等，造成当年汽车产量和基建投资额增速大幅下降，这严重影响到相关上下游产业的发展，而钢铁产业受到的冲击最为严重，钢铁生产企业没有足够的缓冲时间来应对政策的突然转向，因而造成了 2010 年至今钢铁产能严重过剩的局面。

除了对政府预期能力和计划能力的质疑，还有学者质疑产业集聚的政策效果。Helsley 和 Strange（2014）尖锐地反驳了传统的认为产业聚集有效的观点，他们认为在某些情况下，一些产业会无效率地进行聚集，并导致最终形成的平衡城市（equilibrium cities）不仅在规模上没有效率，在结构上也没有效率。

2. 补贴政策

地方政府的大量优惠政策一方面给投资企业带来了大量补贴性收益，另一方面使企业能以较少的投资撬动较大的投资项目，并将投资风险转嫁给银行和企业。事实上，大量补贴政策正是导致高污染"产能过剩"的重要原因：财政资金降低了企业成本，使之低于社会成本，导致企业的最优产量超过社会最优水平，出现过剩产能。而政策调整确实可以改变经济产出结构，例如 Han 和 Kung（2015）实证发现，2002 年中央政府改变了企业所得税分成比例，导致地方政府的努力方向从促进工业发展转为城镇化，重点发展房地产和建筑行业。

投资补贴将会严重地扭曲企业的产能投资行为和竞争行为，而成本外部化必然会导致厂商产量超过社会福利最大化时的产量。地区之间愈演愈烈的对于投资的补贴性竞争成为导致"产能过剩"最为主要的原因（郭庆旺、贾俊雪，2006；陶然等，2007）。历史上，欧共体各成员国曾纷纷以大量政府补贴的方式努力扩大本国钢铁企业的市场份额，导致 20 世纪 70 年代中期到 90 年代初期欧共体钢铁工业产能严重过剩和社会福利严重损失。围绕地区（国家）之间为争取 FDI 流入而进行的补贴性竞争展开的有关研究较多，例如 Bond 和 Samuelso（1986）、Barros 和 Cabral（2000）以及 Albornoz 等（2009）。

还有研究表明，补贴没有起到推动创新的作用。周亚虹等（2015）研究发现，新能源企业选择保留补助资金或扩大现有产能规模的"偷懒"收益大于加大研发力度的创新收益，享受政府扶持而不增加研发支出。

广泛的地区补贴性竞争还会为低效率的企业生存甚至发展提供空间，市场优胜劣汰的竞争机制难以充分发挥作用，导致产业（甚至整个经济）的配置效率低下；广泛的地区补贴性竞争还会诱发企业的寻租行为，使企业将更多的精力和投入放在寻求地方政府的补贴和优惠政策上，而不是放在研究开发、技术工艺的改造升级以及市场开拓上，对产业的动态效率产生较为严重的不利影响，进而导致中国企业在国际竞争中更依赖由政府补贴和低污染排放标准所带来的所谓低成本竞争力。同时，政府兜底降低了企业决策的敏感性，企业普遍认为一旦"产能过剩"，利润率急剧下降，整个行业陷入困境时，政府就会进行"行政指导"给予救济。

实行补贴方案应该持谨慎态度，而不能草率行事。对"去产能"的真实作用效果，应当有清楚的认识。当前我国社会信用低，要防止企业操纵盈余骗取补贴、各地争抢补贴、银行借补贴增加信贷，进而引发又一轮投资热潮，导致与目标相反的结果。还需要指出的是，对于政府的过分托底，不仅不利于国企的主动技术升级和效率提升，还将挤压民间投资及银行对民企的信贷积极性，使正在下滑的民间投资雪上加霜。

补贴带来的问题集中体现在"僵尸企业"上。有数据显示，2012年至2014年三年时间里，沪深两市266家"僵尸公司"从资本市场募集资金高达2500亿元，获得政府补助达356亿元。其中，三年累计获得政府补贴超过5亿元的就有15家。从理论上讲，退出障碍是企业进入时必须考虑的一种风险成本，退出壁垒越高企业进入时的风险成本越高，这也可以被当作一种进入壁垒。然而，政府对"僵尸企业"的关爱使其保留收益大大提高、退出风险大大降低，间接降低了进入壁垒，导致部分企业明明知道行业产能已经过剩且利润较低但仍然要进入。

3. 化解过剩产能的相关政策

从理论上讲，产业制度变更不一定能得到想要的结果，产业政策可能存在偏差。无论激烈变革，还是渐进变革，其意图都难以贯彻和控制。激烈变革的施行并不难，难在不好控制，无法预期其产生的制度和实践结果，使得彻底变革的尝试常常遭遇挫折。而长期持续的变革本身也不容易被控制。分析其原因，一方面，制度变迁通常很少能够满足那些发起变革者的事先意图；另一方面，变革意图本身有时是不清晰的或多元的，变革的价值和意图在制度变迁过程中会发生变化，甚至变革的价值意义都是在变革过程中被人为地塑造出来的。

事实上，我国政策部门往往以市场失灵为依据，将对投资和市场准入的行政管制作为"产能过剩"治理政策的核心。这导致了"产能过剩"问题屡禁不止，甚至愈演愈烈。"产能过剩"是制度缺陷和政府对微观经济过度干预的结果，寄希望于以对微观经济更为广泛和细致的管束来治理它，结果只能是南辕北辙。以钢铁工业为例，20世纪90年代以来，许多政策文件中对未来市场的预测，无论长期或者短期，均与实际情况存在很大差异（中国社会科学院工业经济研究所课题组，2013）。行政命令"去产能"去掉的却不一定是效率最差的，比如行政机关下达指标"钢铁要压缩一亿到一亿五千万吨"，然后把指标分解下达到各个部门、各个地区，各个地区再层层向下分解，最后通常会采用"一刀切"的方式把分解到的去产能指标"切掉"，但却无法保证被"切掉"的一定是效率最差的那个。而且由于每个行政部门都想保护自己的产业，所以在执行过程中很可能会发生扭曲。

目前，清理和化解"产能过剩"的政策主要是"淘汰和清理落后产能"，特别是产能较小的企业，这种政策一定程度上维护了大企业的利益。基于这种政策特性，化解"产能过剩"的政策有可能进一步扭曲"产能过剩"问题，加剧"产能过剩顽疾"，所有的企业都会力图扩大产能，因为规模大、高产能的企业会受到保护。Imai（2015）研究发现，"僵尸企业"比正常企业更愿意增加员工数量，甚至不断增加投资。Berger等（1999）认为兼并重组能够比破产或其他形式更

有效率地化解过剩产能。同时，可以对地方和企业转型、寻找新的经济增长点、不良资产处置、失业人员再就业和生活保障等方面进行支持，做到破旧立新。

但是，目前国企兼并重组的效果存疑。钢铁产业去产能，还是走的合并重组之路，即典型的"1＋1"或者"1＋N"，例如宝钢与武钢重组为宝武钢铁。有人提出，到2025年，中国六成以上钢铁产量可能集中在10家集团里，以此改变中国钢铁企业"散小乱弱"的现状以及由此带来的恶性竞争等问题。但是这类政府主导的重组效果存疑。鞍钢与攀钢就曾经尝试过类似的整合，重组以后的鞍钢甚至超越宝钢一度成为中国钢铁"一哥"。结果好景不长，这种简单的整合最后把两个钢企都拖垮了，曾经风光无限的鞍钢2015年再度出现数十亿元的巨大亏损，而拥有丰富资源的攀钢几乎从人们关注的视野中消失。分析个中缘由可以发现，我们一般不会用市场化方式进行优胜劣汰式的去产能，而是习惯以行政化方式"拉郎配"，这是需要认真思考的问题。中国在经济结构转型的过程中顾虑太多，设置的前置条件太多，"1＋1"可以解决数量的问题，可以解决恶性竞争的问题，但无法触及问题的本质。

体制扭曲才是中国出现"产能过剩顽疾"的关键所在，也是政府部门更需要关注的问题。Clark（1940）认为，因为长期均衡的条件与短期目标无法协调一致，市场竞争中不完善的因素总会存在，务实的公共政策目标应建立在协调机制之上。既然需要政策治理的"产能过剩"并非"市场失灵"而是"制度局限"，那么治理这类"产能过剩"的关键就在于矫正现有制度基础，采取以增进与扩展市场为导向的治理政策，即通过推进经济体制改革，健全和完善市场制度，矫正现有不合理制度对市场主体行为的扭曲。

（四）中国特殊的体制原因：官员晋升制度、行政审批制度

产能问题已成为建设美丽中国的一大制约因素。党的十八届五中全会提出，我国将突出绿色发展理念，建设美丽中国。而目前我国结构性"产能过剩"严重，钢铁、水泥等行业不仅"产能过剩"而且高污染，成为众矢之的，绿色发展的压力巨大。按照全面建成小康社

会的要求,"十三五"时期年均增速要在 6.5% 以上,在产业结构和
过剩产能不及时处理的情况下,污染程度也会同步翻一番,需要深刻
反思过剩产能的形成机理,并提出标本兼治的改革举措。

前文论述了目前流行的企业策略和市场失灵导致"产能过剩"等
假说,并分析了基于这些假说作出的产业政策、补贴政策等政策手段
为何效果不佳。我们在此进一步深入分析中国"产能过剩"的特殊性
原因——制度体制,主要包括官员晋升制度和行政审批制度。

1. 中国"产能过剩"的特殊性

中国"产能过剩"有普遍性,更有特殊性。通过国际比较,我们
发现两个往往被忽视或误读的事实:①欧美国家的工业产能利用率普
遍不高,所谓国际通用的82%水平或标准实际上并不成立,不宜过度
夸大我国"产能过剩"现象;②我国政府与美国政府在产能扩张上的
作用是不同的:美国政府致力于加强环保和技术创新以及反垄断,我
国地方政府却在招商引资。

中国产能扩张的奇迹很大程度上要归功于中国的制度变迁,然
而,依照西方惯用的评价体系,中国的制度质量却比较差(Acemo-
glu、Robinson,2012)。为了解释这一矛盾现象,需要从中国制度的
特殊性入手。许多学者都认为,中国经济增长的制度基础是地方政府
的晋升激励。Qian 和 Weingast(1997)认为地方官员是政治企业家,
积极招商引资并主动为当地企业向上级政府申请优惠政策;姚洋
(2009)提出中国政府是中性政府,可以调和各方利益和长短期利益,
获得长期总利益最大化;Rothstein(2015)发现西方惯用的评价制度
水平的方法并不完全适用于中国。因此,理解中国产能问题,首先需
要了解地方官员的晋升制度。

从地方政府角度理解过剩产能的文献较多(周黎安,2004,
2007;陶然等,2007;谭劲松等,2012),但主要聚焦于地方政府为
了晋升而发展经济(GDP 或财政)导致过度投资的现象,却没有进
一步挖掘具体机制,即地方政府是通过何种机制来实现这一结果的。
我们认为,低价出让土地、投资补贴等都是微观手段,其核心机制是
行政审批。行政审批是政府干预企业微观活动的最重要的工具,设置

了审批就可以把相应的权力转移到政府手中，选择什么企业、什么项目进入市场，对个体企业选择鼓励还是限制发展，对个别项目是否严格落实环保、安检等都是行政审批带来的自由裁量权。政府可以布局行业规模、企业多寡，甚至企业性质构成。所以，行政审批是政府影响产能增长的"牛鼻子"，通过对这个具体机制的分析，可以加深对过剩产能在制度方面的成因的理论认识。

事实上，新的行业或新的经济增长点会带来立法、产权等制度层面的创新，而中国产能扩张过程中制度变革明显滞后。人口的迅速增加和资源价值的迅速提高，形成了对既有的法律制度尤其是产权制度变革的压力，推动新的产权制度出现。Eggertsson（1990）认为，增加财富的潜在机会诱发了制度变迁，例如，美国西部在19世纪后半期由于采矿业的兴盛而导致法规和法院判令日益明晰。历史记录和统计检验都表明，内华达矿权法的形成过程可以被理解为一个不断调整以降低所有权不确定性的过程。尽管立法者、法官、警长和产权登记人等直接负责起草、解释和执行法律，但是法律变革的主要推动者是矿主。在一定的矿产总量条件下，会出现短期的法律支持水平的均衡状态，此时，没有人能够从法律进一步变革中获得净收益。但是，一旦有新的铁矿资源被发现，采矿资源排他性控制权收益和所有权不确定性就会增加，暂时的法律支持水平的均衡就会被打破，随之而来的就是对更有价值的土地的竞争。这样的情况导致了矿主积极从事寻租活动，寻求立法和司法保障，直至形成一个新的短期均衡。这一过程不断循环往复，直至达成一个稳定的长期均衡状态，这时，无论采矿产出如何变化，所有权不确定性均为最小。上述例子表明，随着产业的产生及壮大，相关的配套管制应该逐步建立而不是完全放任自流，而中国地方政府的管制恰恰相反，不是使之规范化，而是过于积极招商引资，逐底竞争。

2. 官员晋升制度

以目标责任制为代表的绩效评估固化了广大官员的"升迁"之道，也因此塑造了他们的官场行为。部分官员会为了在晋升竞争中获益，作出牺牲群众利益以满足绩效考核以及数据造假等行为（Jie，2015）。

官员有强激励去搞建设。20 世纪 80 年代开始，中国将官员的晋升标准确立为以经济绩效为主，激励关心仕途的官员追求经济绩效。为了获得晋升，官员只得发展经济。而为了做大一方经济，官员则像经营企业那样经营着一个城市或地区，同时为了扶持企业发展，主动招商引资、吸引落户、代表企业向上级要政策，成为改革发展的第一行动集团。尤其是 1994 年开始实行的分税制给了地方官员更大的财政自主权，地方官员的表现更加抢眼。在中国目前的财政体制和政府官员考核机制下，地方政府竞相吸引投资以增加地方 GDP、税收和就业，一系列优惠措施如补贴、土地、能源、原材料和金融支持等都推动着企业扩大投资。一些地方政府甚至设置破产退出壁垒，帮助企业并购重组，以保障各自辖区内的投资和就业。

官员的过度激励会导致地方保护、国企偏袒，进而带来过剩产能。地方政府出于锦标赛式的竞争激励，为了提高本地 GDP 和就业，往往更青睐于高投资、高税收和高就业的过剩产能行业，却忽视环境和资源因素，也没有充分考虑行业整体饱和度和未来前景。即便在中央政府试图压缩产能时，地方政府仍采取变相的"拆小变大"的方式进一步增加产能。同时，一些无效率的国企长期靠政府偏袒而存活，即使它们的产品低端而且过剩，由此出现了一边"产能过剩"、一边无米下炊的现象。政府的干预破坏了企业的市场敏感性，企业往往忽视市场需求盲目扩大生产，除钢铁、水泥等行业外，光伏、房地产等行业也存在此类问题。同时，原本应在市场竞争中自然淘汰的很多落后国企，因为有各级政府托底、背书得以"带病延年"。地方政府通过一整套政策深刻影响着企业，它们鉴别当地有发展前景的产业并制定发展战略，为其提供补贴和专项补助，分配土地和土地使用权，作为中间人为私营企业议定银行贷款，提供私营部门健康发展所需的基础设施（比如配备齐全的开发区等），专门招商引资以帮助地方企业成长，等等，而这些支持常常会扭曲企业投资行为。尽管他们渴望吸引到投资强度和投资规模都很大的项目，但也并不排斥，甚至很欢迎那些投资强度不大但投资规模巨大的项目。

一个极端的却又很常见的现象是，地方政府出于稳增长和地方政

绩的考虑，在产能已经严重过剩的情况下，审批项目依然在不断加码。例如，将火电、钢铁、有色金属冶炼等行业的环评审批权下放，可能造成地方出于各自本位主义考虑而滥批项目。以火电为例，2015年中国煤电产能已经严重过剩，其投资却在中央政府"简政放权"的背景下逆势大幅增长。2015 年前九个月，环保部、各省级环境保护部门公示了 155 个燃煤电厂项目的环评，装机容量合计达 123 吉瓦，远高于上年同期的 48 吉瓦。[①]

现有研究对体制原因的论证比较多，主要聚焦于地方政府的晋升激励。20 世纪 80 年代开始，中国将官员的晋升标准确立为以经济绩效为主（Jin 等，2005）。Rothstein（2015）把中国的官僚组织称为"干部制"，上级往往会容许下级在政策执行中拥有相当程度的自由裁量权，同时采取只看结果不看过程的绩效考核方法。而地方绩效的实现在很大程度上取决于当地的项目投资状况，地方政府具有扩大投资规模的强烈动机（Bai 等，2000），行政及市场资源均向资本家倾斜（Li、Zhou，2005），高投资、高税收和高就业的过剩产能行业受到青睐。一些地方政府甚至设置破产退出壁垒，以保障各自辖区内的投资和就业。白重恩（2016）发现，相对于市场部门，政策扶持部门在逐渐增加，所占资源越来越多，形成了中国特色的"新二元经济结构"。因此，过剩产能主要来自体制方面的因素，比如地方官员政绩"锦标赛"（周黎安，2004，2007）以及财政分权（王立国、张日旭，2010）等。这个观点可以较好地阐述中国过剩产能的"特殊性"。

3. 行政审批制度

地方政府在晋升激励下滥用行政审批权是中国"产能过剩"的制度成因。一方面，地方官员为了晋升有较高的投资冲动。我国官员的晋升以及地区利益都和当地经济发展高度相关，地方政府具有很强的动机扩大投资规模，高投资、高税收和高就业的"产能过剩"行业往往更加受到青睐。另一方面，行政审批是政府干预产能的"抓手"。中国实施的是偏向资本家和企业的特惠制度，地方政府往往利用行政

---

① 《2015 年中国煤电逆势投资的后果》，www. greenpeace. org. cn，2015 年 11 月 11 日。

审批来服务企业和本地经济，"包办审批""强制许可""特事特办""现场办公"等现象屡见不鲜，依法许可、审批服务成为地方政府实现政治抱负的"撒手锏"和"挡箭牌"。理论上，行政审批是为纠正市场失灵而作出的政府干预，可以控制企业进入数量（杨振，2013）。但事实上，在一些重要行业，尽管企业的进入需要经过严格的政府审批，"产能过剩"现象却依然严峻。

地方政府掌握了产能审批的实质权力。由于管制过程中存在信息不对称，中央政府在管制执行上掌握的信息要明显少于地方政府。除中央直接进行行政审批外，中央政府对"产能过剩"制定的管制措施基本都需要地方政府配合执行。尽管中央政府上收了"产能过剩"行业新建产能项目的审批权，但新建产能项目的其他手续均需由地方政府办理（如工商、税务、环保等），新进入的企业也需要与地方政府洽谈相关的落户条件（如土地供应、水电配套基础设施等），地方政府掌握了项目落地的实质权力。因而作为管制实际执行者的地方政府掌握了全部管制执行方面的信息，而作为管制政策制定者的中央政府并没有足够的能力对全国每个地区的管制政策执行情况进行监督，其所掌握的信息少于地方政府。现实情况中，大量未经中央政府审批的新建项目违规开工就可以说明这点。

审批机制是政府用来干预自由市场的"抓手"，审批强度代表了政府的干预程度。审批环节越多、越严格，政府的微观经济权力也就越大，其推动产能快速增长的能力也就越强。审批使得政府获得了推动产能增长的、具有"合法性"的自由裁量权，企业的进入和产量的多寡都成了政府可以"规划"和"控制"的要素，既可以直接控制企业的进入和项目的落地，也可以通过土地供应、环评等间接控制企业的成本及产量。地方政府具有干预企业过度投资的动机和能力（谭劲松等，2012）。数据显示，2003—2005 年新增的炼钢产能中，经国家发改委、环保部、国土部核准的项目产能不足 20%[①]。陶然等

---

① 《关于钢铁工业控制总量淘汰落后 加快结构调整的通知》，http：//www. hbepb. gov. cn/admin/htmup/fggy20061084. htm，2006 年 6 月 14 日。

（2007）发现 1999—2003 年中国土地出让的 85% 以上采用了政府"包办"的低价协议方式，采用招拍挂方式的仅占约一成。政府可以通过多种行政审批方式干预企业的投资，如市场准入、项目审批、投资审批和核准、供地审批、贷款的行政核准等，并以此布局行业规模、企业多寡，甚至企业性质构成。虽然政府的微观干预行为并不一定是"行政审批"，但其本质上都是政府利用行政权力管制企业的行为，都需要经过严格的审批程序。当前，很多地方，特别是重化工业比较集中、"产能过剩"比较严重的地方，稳增长的压力更大，而去产能和稳增长之间又相互矛盾，各个地方都只想让别人减，自己不减，等待供求平衡后的盈利机会。

审批改革是防止地方政府为了晋升而盲目扩大产能的"釜底抽薪"之举，可以通过为市场机制松绑而起到化解"产能过剩"的效果。如果说地方官员为了晋升而推动经济发展，会过度引导企业或项目进入部分行业，那么，取消审批事项的审批改革，将给予企业更多的自主权，政府即便有晋升冲动也因为失去了审批这个"抓手"而难以干预企业，由此"产能过剩"将得以缓解甚至消除。事实上，按照现行审批制度，较大项目的立项、土地供给和环评等都需要中央政府审批，地方政府的审批权力有限，但是为了地方经济发展和保证项目成功过关，地方政府会通过把项目拆分成若干个小项目而在本地权限下进行批复（王立国、张日旭，2010）。

需要注意的是，减少审批固然有助于化解过剩产能，但是审批改革的作用是有限度的，不能将所有的审批权限全部取消。事实上，地方政府过度帮扶企业进入市场的一个做法就是，无底线地降低环保、生产安全等准入标准。在部分"产能过剩"行业，地方政府的行政审批不但没有降低社会成本，反而变相鼓励了不法行为。因此，环保等审批不仅不能下放或取消，而且还要加强。

参考文献

[1] Acemoglu, D. , García – Jimeno C. and Robinson J. A. , "State Capacity and Economic Development: A Network Approach", *American*

Economic Review, 2015, 105 (8): 2364 – 2409.

[2] Agrawal, David R. , "Local Fiscal Competition: An Application to Sales Taxation with Multiple Federations", *Journal of Urban Economics*, 2016, 91 (2): 122 – 138.

[3] Bai, C. E. , Li D. , Tao Z. and Wang Y. , "A Multitask Theory of State Enterprise Reform", *Journal of Comparative Economics*, 2000, 28 (4): 716 – 738.

[4] Barros, P. P. and L. Cabral, "Competing for Foreign Direct Investment", *Review of International Economics*, 2000, 8 (2) .

[5] Benoit, J. and Krishna V. "Dynamic Duopoly: Prices and Quantities", *Review of Economic Studies*, 1987, 54 (1): 23 – 35.

[6] Berger, A. N. , R. S. Demsetz and P. E. Strahan, "The Consolidation of the Financial Services Industry: Causes, Consequences and Implications for the Future", *Journal of Banking & Finance*, 1999, 23 (2 – 4): 135 – 194.

[7] Bond, E. W. and L. Samuelsn, "Tax Holidays as Signals", *The American Economic Review*, 1986, 76 (4) .

[8] Caballero, Ricardo J. , Takeo Hoshi and Anil K. Kashyap, "Zombie Lending and Depressed Restructuring in Japan", *The American Economic Review*, 2008, 98 (5): 1943 – 1977.

[9] Chamberlin E H. , *The Theory of Monopolistic Competition*, Cambridge, MA: Harvard University Press, 1933.

[10] Clark, J. M. , "Toward a Concept of Workable Competition", *American Economic Review*, 1940, 30 (2): 241 – 256.

[11] Dixit, A. , "The Role of Investment in Entry – Deterrence", *The Economic Journal*, 1980, 90 (357): 95 – 106.

[12] Eggertsson, Tráinn, *Economic Behavior and Institutions: Principles of Neoinstitutional Economics*, Cambridge University Press, 1990.

[13] Facundo Albornoz, Corcos Gregory and Kendall Toby, "Subsidy Competition and the Mode of FDI", *Regional Science and Urban Eco-*

nomics, 2009, 39 (4).

[14] Fowlie, M. , Reguant, M. , Ryan, S. P. , "Market – Based Emissions Regulation and Industry Dynamics", *Journal of Political Economy*, 2016, 124 (1): 249 – 302.

[15] Hall, R. E. , "Chronic Excess Capacity in U. S. Industry", *NBER Working Paper*, 1986, No. 1973.

[16] Han, Li, Kung James Kai – Sing, "Fiscal Incentives and Policy Choices of Local Governments: Evidence from China", *Journal of Development Economics*, 2015, 116: 89 – 104.

[17] Harrison, A. , Hyman B. , Martin L. and Nataraj S. , "When Do Firms Go Green?", *NBER Working Paper*, No. 21763, 2015.

[18] Helsley, R. W. and Strange W. C. , "Coagglomeration, Clusters and the Scale and Composition of Cities", *Journal of Political Economy*, 2014, 122 (5): 1064 – 1093.

[19] Imai, Kentaro, "A Panel Study of Zombie SMEs in Japan: Identification, Borrowing and Investment Behavior", *Journal of the Japanese and International Economies*, 2015.

[20] Jie, G. , "Pernicious Manipulation of Performance Measures in China´Cadre Evaluation System", *The China Quarterly*, 2015 (223): 618 – 637.

[21] Jin, H. , Qian Y. and Weingast B. , "Regional Decentralization and Fiscal Incentive: Federalism Chinese style", *Journal of Public Economics*, 2005, 89 (9 – 10): 1719 – 1742.

[22] Lavoie D. , *Rivalry and Central Planning: The Socialist Calculation Debate Reconsidered*, Cambridge: Cambridge University Press, 1985.

[23] Li, H. , Zhou, L. A. , "Political Turnover and Economic Performance: The Incentive Role of Personnel control in China", *Journal of Public Economics*, 2005, 89 (9 – 10): 1743 – 1762.

[24] Mathis, S. & J. Koscianski, "Excess Capacity as a Barrier to Entry in the U. S. Titanium Industry", *International Journal of Industrial*

Organization, 1996, 15 (2): 263 – 281.

[25] Qian, Y., Weingast, B., "Federalism as a Commitment to Preserving Market Incentives", *Journal of Economic Perspectives*, 1997, 11, 83 – 92.

[26] Rothstein, Bo., "The Chinese Paradox of High Growth and Low Quality of Government: The Cadre Organization Meets Max Weber", *Governance*, 2015, 28 (4): 533 – 548.

[27] 白重恩:《对一些经济反常现象应理性分析》,《北京日报》2016 年 2 月 1 日。

[28] 耿强、江飞涛、傅坦:《政策性补贴、产能过剩与中国的经济波动——引入产能利用率 RBC 模型的实证检验》,《中国工业经济》2011 年第 5 期。

[29] 郭庆旺、贾俊雪:《地方政府行为、投资冲动与宏观经济稳定》,《管理世界》2006 年第 5 期。

[30] 江飞涛、陈伟刚、黄健柏等:《投资规制政策的缺陷与不良效应——基于中国钢铁工业的考察》,《中国工业经济》2007 年第 9 期。

[31] 江飞涛、耿强、吕大国、李晓萍:《地区竞争、体制扭曲与产能过剩的形成机理》,《中国工业经济》2012 年第 6 期。

[32] 江飞涛、李晓萍:《直接干预市场与限制竞争:中国产业政策的取向与根本缺陷》,《中国工业经济》2010 年第 9 期。

[33] 林毅夫:《潮涌现象与发展中国家宏观经济理论的重新构建》,《经济研究》2007 年第 1 期。

[34] 林毅夫、巫和懋、邢亦青:《"潮涌现象"与产能过剩的形成机制》,《经济研究》2010 年第 10 期。

[35] 谭劲松、简宇寅、陈颖:《政府干预与不良贷款——以某国有商业银行 1988—2005 年的数据为例》,《管理世界》2012 年第 7 期。

[36] 陶然、袁飞、曹广忠:《区域竞争、土地出让与地方财政效应:基于 1999—2003 年中国地级城市面板数据的分析》,《世界经

济》2007 年第 10 期。

[37] 王立国、张日旭:《财政分权背景下的产能过剩问题研究——基于钢铁行业的实证分析》,《财经问题研究》2010 年第 12 期。

[38] 杨蕙馨:《中国企业的进入退出:1985—2000 年汽车与电冰箱产业的案例研究》,《中国工业经济》2004 年第 3 期。

[39] 杨振:《激励扭曲视角下的产能过剩形成机制及其治理研究》,《经济学家》2013 年第 10 期。

[40] 姚洋:《中性政府:对转型期中国经济成功的一个解释》,《经济评论》2009 年第 3 期。

[41] 张军、威廉·哈勒根:《转轨经济中的"过度进入"问题——对"重复建设"的经济学分析》,《复旦学报》(社会科学版)1998 年第 1 期。

[42] 钟春平、潘黎:《"产能过剩"的误区——产能利用率及产能过剩的进展、争议及现实判断》,《经济学动态》2014 年第 3 期。

[43] 周黎安:《晋升博弈中政府官员的激励与合作——兼论我国地方保护主义和重复建设问题长期存在的原因》,《经济研究》2004 年第 6 期。

[44] 周黎安:《中国地方官员的晋升锦标赛模式研究》,《经济研究》2007 年第 7 期。

[45] 周亚虹、蒲余路、陈诗一、方芳:《政府扶持与新型产业发展——以新能源为例》,《经济研究》2015 年第 6 期。

第三章 钢铁行业的典型研究

——产能扩张的事实

钢铁行业具有独特的代表性。从重要性程度说，钢铁作为一种基础的工业产品，在整个社会中具有广泛的用途，对整体经济核心从农业过渡到工业至关重要，也是国民经济不可忽视的一个组成部分，钢铁行业作为制造业的重要部分，能够形成一系列产出，对其他行业具有重要的拉动作用。

从历史角度看，中国一度狂热追求钢铁产量，20世纪60年代提出"全民大炼钢铁，超英赶美"等口号，但并未能在预定时间内实现。而随着时间的推移，当大多数人已不再特别关注钢铁产量时，中国的钢铁产量却已占据了全球半壁江山。

如今，人们将注意力更多地放在了如何降低钢铁产量上，可谓从一个极端走向另一个极端。以其作为案例，可以很好地分析行业和产品的历史变化，从中揭示一些问题的本质。本章分别从整体行业、代表性区域、代表性企业层面进行研究，探讨产能变化过程及可能的问题所在。

一 全国钢铁行业生产能力

我们首先从整个国家层面研究钢铁生产能力的变化过程（见图3-1）。

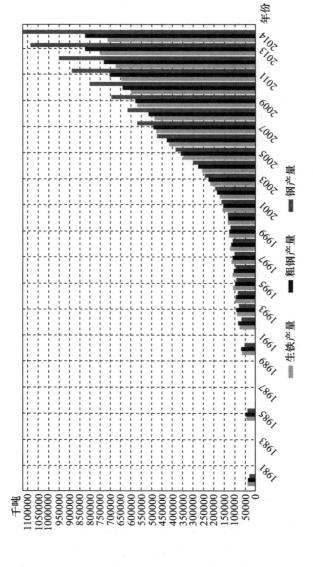

图 3 - 1　全国钢铁产量（1981—2014 年）

资料来源：中国钢铁工业协会。

可以看到，在过去的15年，钢铁行业得到了快速扩张，产能也得到大幅度提高。在此基础上，我们可以尝试简单测算钢铁行业实际产能利用率。不过需要注意的是，这种产能利用率计算是非常粗糙的。从图3-2中可以看到，只有少数年份产能利用率超过100%，而近几年来已不断下降至75%左右。

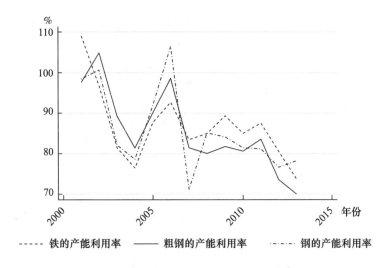

图 3-2　钢铁的产能利用率（产量/产能）

资料来源：中国钢铁工业协会。

同样可以计算主要的三种产品，即铁、粗钢及钢的产能利用率。从表3-1可以看到产能利用率在2001—2013年主要呈现上升趋势，但产能的波动高于产能利用率。而产能在2004年有所下降，但在2009年上升，最近又有下降趋势。

表 3-1　　　　全国钢铁行业的产能、产量及产能利用率数据　　单位：万吨

年份	铁生产能力	粗钢生产能力	钢生产能力	铁产量	粗钢产量	钢产量	粗钢利用率	铁利用率	钢利用率
2001	142653	171147	180512	155543	151634	160676	88.60	109.04	89.01
2002	176509	197350	213502	170792	182249	192501	92.35	96.76	90.16

续表

年份	铁生产能力	粗钢生产能力	钢生产能力	铁产量	粗钢产量	钢产量	粗钢利用率	铁利用率	钢利用率
2003	262413	263813	299224	213667	222336	241080	84.27	81.42	80.57
2004	329500	340130	377320	251851	272798	297231	80.20	76.43	78.77
2005	393150		445530	344732	355790	381510		87.69	85.63
2006	446310	472490	505360	413641	421024	470840	89.11	92.68	93.17
2007	571000	610310	755460	476604	489712	566074	80.24	83.47	74.93
2008	568770	644310	747530	483226	512339	613795	79.52	84.96	82.11
2009	636450	717970	849630	568634	577070	693405	80.38	89.35	81.62
2010	700800	800300	999530	595601	638743	802014	79.81	84.99	80.24
2011	737590	863270	1105350	645429	701968	885195	81.32	87.51	80.09
2012	831610	959920	1222820	670102	731040	950651	76.16	80.58	77.74
2013	1014970	1106220	1383120	748084	822000	1086926	74.31	73.71	78.59

　　不过，从销售率和库存数据看（见表3-2），钢铁市场通常处于出清的状态，意味着，一旦生产出来，即销售完毕，库存很低。对大多数钢铁企业而言，产能与产量非常接近，很难期望钢铁企业会调整，甚至降低产量。

表3-2　　　　　　　　　钢铁行业的销售率数据

指标	钢材销售量（累计值）（万吨）	钢材产销率（累计值）（%）	钢材产销率比上年同期增减（%）	库存增减（%）
2015Q2	54134.6	98.3	-0.8	23.2
2015Q1	25188	95.8	-0.6	16.4
2014Q4	110152.4	99.3	0.4	22.3
2014Q3	81971.7	99.2	0.3	20.2
2014Q2	53827.3	99.1	0.7	16.4
2014Q1	25260.2	97.8	1.1	14.7
2013Q4	104416.2	99.1	-0.2	29.8
2013Q3	77080	98.2	-0.3	28.1

续表

指标	钢材销售量（累计值）（万吨）	钢材产销率（累计值）（%）	钢材产销率比上年同期增减（%）	库存增减（%）
2013Q2	50111.5	98	-0.2	28.4
2013Q1	23611	97.4	-1.1	28.3
2012Q4	93784.2	99.6	0.3	15.8
2012Q3	69366.1	99	0.8	23.9
2012Q2	45463	98.3	0.5	25.5
2012Q1	21471.1	97.7	0.1	19.8
2011Q4	86822.7	99.3	-0.5	24.7
2011Q3	65291.5	98.6	-0.4	43.6
2011Q2	42676.5	98.4	-0.5	35.9

由表 3 - 3 可以看到，1980 年以来，钢铁行业的企业数量在增加，主营业务收入、主要产品产量都迅猛增长。从连铸比等指标上看，生产技术也得到了很大的提高。

二 代表性区域的钢铁生产能力

区域的信息往往比总体信息更有价值，而因各区域产能情况通常存在差异，我们选择有代表性的区域进行分析。本部分以河北为例，其具有最大的钢铁产能，能够反映出各时期地方钢铁产能的真实状况。

北京的情况比较特殊，特别是在 2007 年前后，主要的原因可能是北京对钢铁产业的限制和转产。由于钢铁企业被认为是污染的重要来源，而 2008 年北京的奥运会又是个硬性约束，因而很多钢铁企业被关停或者转移到其他地方。天津的钢铁产量则保持平稳增长，但 2007 年后增速也有所加快。而河北的钢铁产量相当高，2000 年为 2000 万吨，而在 2014 年则增加了 10 倍，达到 2.2 亿吨的水平；包括生铁、粗钢和钢铁在内的其他产品也有类似的趋势（见图 3 - 3、图 3 - 4、表 3 - 4）。

表3-3　中国主要年份钢铁工业概况统计（1980—2012年）

年份	1980	1990	1995	2000	2005	2010	2011	2012
1. 钢铁工业生产企业数（家）	1332	1589	1639	2997	6686	12143	10224	14377
2. 主营业务收入（亿元）	267.12	1287.14	4047.46	4732.9	21247.82	57832.91	71971.28	80318
3. 主要产品产量								
钢（万吨）	3712	6635	9535.99	12850	35578.97	63874.28	70196.84	73103.95
生铁（万吨）	3802	6237	10529.27	13101.48	34473.2	59560.1	64542.93	67010.17
钢材（万吨）	2716	5153	8979.8	13146	38150.98	80201.42	88519.53	95065.14
铁矿石（原矿）量（万吨）	11258	17934.36	26191.86	22256.19	42049.28	108016.1	133502.49	132730.04
焦炭（万吨）	4342.8	7326.63	13501.83	12184.12	25470.89	39166.82	43176.85	44213.11
铁合金（万吨）	99.37	238.27	431.88	402.92	1072.2	2435.5	2800.48	3156.71
炭素制品（万吨）	42.57	91.27	169.36	261.11	138.21	205.59	284.53	292.01
耐火材料（万吨）	382.2	675.15	1755		2276.36	2808.06	2949.69	2822.88
4. 重要比例关系								
连铸比（%）	6.2	22.37	46.48	87.3	96.98	98.12	98.36	98.5
5. 固定资产投资（亿元）	46.31	127.46	576.75	366.96	2583.37	3494.24	4118.39	5167.13

资料来源：《中国钢铁工业年鉴》（2013）。

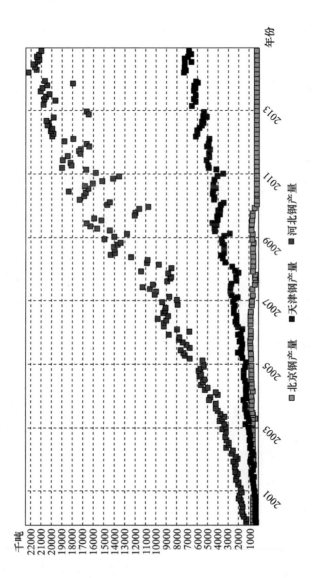

图 3 - 3 京津冀钢产量

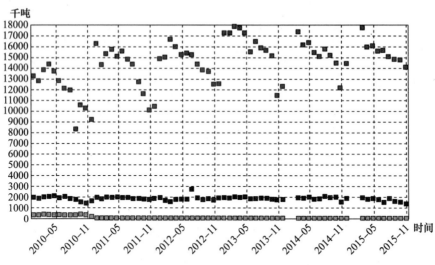

图 3 - 4　京津冀粗钢产量（2010—2015 年）

表 3 - 4　　　　京津冀的生铁和粗钢产量（1998—2014 年）　　　　单位：万吨

年份	生铁：北京	生铁：天津	生铁：河北	粗钢：北京	粗钢：天津	粗钢：河北	钢材：北京	钢材：天津	钢材：河北
1998	751	179	1297	803	254	1103	676	387	922
1999	717	214	1464	734	317	1303	663	405	1103
2000	773	228	1709	803	356	1230	696	315	1306
2001	783	228	2177	825	395	1969	727	451	1871
2002	772	247	2921	—	—	—	749	806	2509
2003	788	342	4227	816	565	4065	785	1083	3729
2004	803	524	5453	827	788	5704	870	1724	5056
2005	813	660	6841	827	955	7424	966	1670	6591
2006	787	1131	8279	818	1285	9096	1016	2140	8521
2007	780	1435	10523	810	1602	10569	1031	2888	10314
2008	448	1520	11355	467	1654	11589	645	3007	11572
2009	442	1763	13321	465	2124	13536	770	4080	15158
2010	411	1926	13710	427.54	2162	14459	794	4494	16783

续表

年份	生铁：北京	生铁：天津	生铁：河北	粗钢：北京	粗钢：天津	粗钢：河北	钢材：北京	钢材：天津	钢材：河北
2011	—	2097	15450	2.90	2296	16451	290	5165	19256
2012	—	1974	16358	2.60	2124	18048	255	5709	21026
2013	—	2214	17027	2.30	2290	18850	219	6641	22862
2014	—	2182	16941	2.10	2287	18530	195	7304	23995

三　代表性钢铁公司

我们选择部分有代表性公司的案例进行分析，从微观层面揭示产量的变化过程。

（一）案例1：河北钢铁

1. 公司简介

河北钢铁股份有限公司是由原唐钢股份、邯郸钢铁和承德钒钛三家上市公司强强联合，通过证券市场吸收合并组建而成的特大型钢铁企业，是目前我国产能规模最大的上市钢铁公司。其主营业务中，钢材占83.24%，钢坯占4.33%，其他占9.28%。

河北钢铁主要有科技和规模两大优势。企业拥有处于世界领先水平的3000余万吨钢产能，同时注重科技创新，高端产品研发成效显著，自主研发生产的1000兆帕级镀锌双相钢、X80和X90、X100系列管线钢等一批高强钢材填补了国内空白，也获得国际市场认可。

2. 钢铁产能和产量

据河北钢铁公司年报公布，截至2015年年底，公司具备3000余万吨钢铁产能。按3000万吨计算，在2015年钢铁整体行业不景气的情况下其产能利用率也超过97%。2011年到2015年钢材产销率高达94.65%，但2015年销量下降明显，比2014年同期减少53.06万吨，降幅达1.9%（见图3-5）。

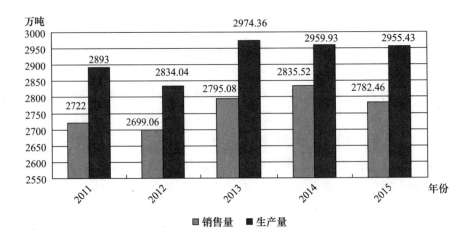

图 3 - 5 2011—2015 年河北钢铁钢材产销量情况

1997—2011 年，在国内宏观经济走势良好的情况下，河北钢铁的钢、铁、钢材产量稳步提升。其中，2009 年公司完成了兼并重组，由唐钢集团发展为河北钢铁，产能急速扩大，使产量大幅增长，实际生产铁 2335 万吨，同比增长 17.9%，生产钢 2303 万吨，同比增长 8.14%，生产钢材 2070 万吨，同比增长 6.78%。2012 年产量小幅下降，2013 年和 2014 年基本维持稳定，增速明显放缓。进入 2015 年，产量还是维持增长态势，钢和铁产量分别达到 3141 万吨和 3090 万吨，钢材产量相比 2014 年略有下降，减少了 5 万吨（见图 3 - 6）。

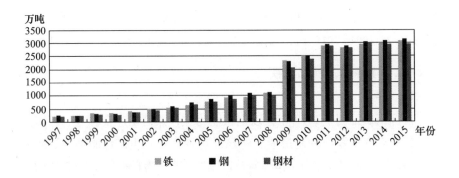

图 3 - 6 1997—2015 年河北钢铁历年产量

3. 河北钢铁利润

如图 3 - 7 所示，2004—2008 年公司营业收入持续增长，主要得益于钢材市场需求旺盛，钢价基本处于较高水平，同时公司为降低成本采取了与国外铁矿石公司签订供应协议等经营策略。2009 年到 2011 年的营业收入的增长主要来源于公司的兼并重组。2012 年以来钢材需求下降，同质化竞争严重，营业收入下降明显。公司转变发展战略，注重双高产品研发生产和出口，加强营销，毛利率由此出现上升趋势，同时，铁矿石价格下降对毛利率上升也有一定的正面影响。而 2004 年到 2009 年毛利率下降主要原因在于铁矿石、燃料等原材料价格上升，使营业成本增加。

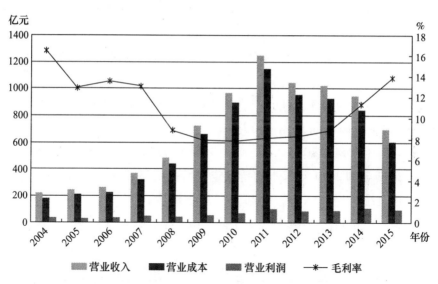

图 3 - 7　2004—2015 年河北钢铁营业收入、营业成本、营业利润和毛利率

（二）案例 2：首都钢铁

1. 公司简介

首都钢铁始创于 1919 年，以钢铁业为主，兼营矿产资源业、环境产业、装备与汽车零部件制造业、建筑及房地产业、生产性服务业、海外产业等，生产设备达到了国际同行业先进水平。为贯彻国家产业结构优化升级要求，公司率先实施钢铁业搬迁调整，并于 2010 年开始重组。2014 年 4 月 25 日，首都钢铁完成资产重组工作，全面建成京唐公司、迁

钢公司、首秦公司、冷轧公司等新钢厂，具备年产800万吨钢及其配套生产能力，拥有焦化、炼铁、炼钢、轧钢的完整生产工艺流程，形成具有国际一流装备和工艺水平的热轧板、冷轧板生产体系。其主营业务中，钢材占62.03%，冷轧薄板占33.72%，气体产品占0.54%，煤炭占0.37%，钢坯占0.12%，其他钢铁产品占0.12%。

2. 钢铁产能和产量

2008年北京奥运会期间，首钢启动搬迁压产400万吨钢的计划。在兼并重组计划中，首钢接受证监会建议，在2010年年底停产石景山钢铁生产主流程，2013年3月停产一线材厂，其间只有北京首钢冷轧薄板有限公司从2008年8月起开始生产，设计产能约170万吨。因此，2004年到2013年首都钢铁产量基本平稳并略有下降。2014年首都钢铁资产重组完成后，迁钢公司置入，产能大幅提升至约800万吨。2014年生产钢741.80万吨，同比增加136.75%；铁747.45万吨，同比增加129.5%；钢材710.31万吨，同比增加233.33%。2015年延续2014年情况，实现铁产量744万吨，同比下降0.43%；钢产量734万吨，同比下降1.08%；钢材产量682万吨，同比增长1.95%；冷轧板材产量169万吨，同比下降10%。就其800万吨产能来看，属于产能利用率较高的钢铁企业（见图3-8）。

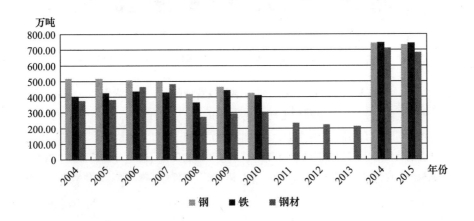

图3-8　2004—2015年首都钢铁产量

3. 首都钢铁利润

在钢铁市场需求良好和钢价处于较高水平的情况下，2007年到2010年间公司营业收入较高，但铁矿石等原材料价格上涨增加了营业成本，因此毛利率有所下降。在2010年年底石景山钢铁生产主流程停产，2011年至2013年，公司只有第一线材厂及控股子公司冷轧公司仍正常生产经营，且冷轧公司仍处于研发阶段，处于亏损状态。2014年4月25日，公司完成合并重组，产量有大幅提升，但国内经济增幅回落，钢材需求不振的大势并未改变，钢价屡创新低，铁矿石、煤炭等主要原料和燃料价格下跌带来的成本优势没有明显转化为产品竞争优势，钢铁工业低价微利（见图3-9）。

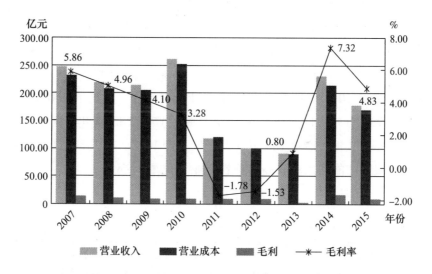

图3-9 2007—2015年首都钢铁营业收入、营业成本、毛利和毛利率变化情况

注：本图统计产品：2007年包括钢材和钢坯；2008—2011年包括钢材、钢坯、冷轧薄板和其他钢产品；2012年和2013年包括钢材和冷轧薄板；2014年包括钢材、钢坯、冷轧板、其他钢产品和气体产品；2015年包括钢坯、热轧板、冷轧板、其他钢产品和气体产品。

（三）案例3：宝钢集团

1. 公司简介

宝钢集团前身是 1977 年 12 月成立的上海宝山钢铁总厂，现有上海宝山、南京梅钢、广东湛江（在建）三大钢铁精品基地，其中上海宝山主要服务于华东，南京梅钢主要服务于华南，广东湛江主要致力于出口。预计 2018 年，宝钢集团产能规模将达到 3400 万吨。

宝钢集团的主要竞争优势在于产品具有较高技术含量，致力于生产高技术含量、高附加值的碳钢薄板、厚板与钢管等双高产品。其中，在汽车钢板、电工钢、镀锡板、能源及管线用钢、高等级船舶及海工用钢，以及其他高端薄板产品等领域拥有国内市场领导地位。其主营业务中，冷轧碳钢板卷占 27.41%，热轧碳钢板卷占 15.38%，钢管产品占 4.86%，宽厚板占 2.65%，其他钢铁产品占 2.59%。宝钢集团被《世界钢铁业指南》列入世界钢铁行业的综合竞争力前三甲。

2. 钢铁产能和产量

如图 3-10 所示，从 2001 年到 2011 年商品坯材销量基本是逐年增加，2012 年开始减少，2014 年与 2013 年基本持平，2015 年相比 2014 年略有增加。

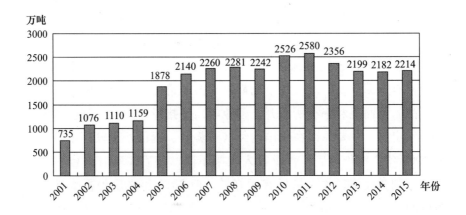

图 3-10　2001—2015 年宝钢集团商品坯材销售情况

如图 3 - 11 所示，2011—2015 年商品坯材产销量均有减少趋势。保守估计，商品坯材在 2011 年已具有 2800 万吨左右产能，2015 年只生产了 2425 万吨，可见公司有"产能过剩"的情况存在，产能利用率不足 86%。如果按公司宣称的 2018 年年底实现产能 3400 万吨，基于其 2015 年的产量，届时产能利用率将不足 71.5%。

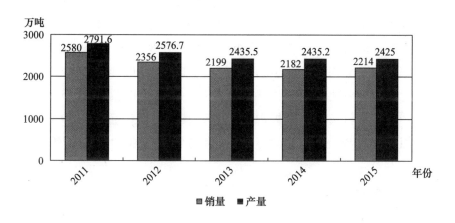

图 3 - 11 2011—2015 年商品坯材产销情况

3. 宝钢集团利润

如图 3 - 12 所示，2003—2015 年宝钢集团毛利率基本呈下降趋势，2013 年、2014 年有小幅增加。主要原因在于，2003—2013 年铁矿石和燃料价格连续上涨，使企业利润下降；而 2013 年以来，铁矿石价格有所回落，同时，在市场需求不振的情况下公司致力于生产双高产品，因而毛利率有所回升。营业收入等指标在 2003 年到 2008 年间连年走高，主要原因在于国内经济形势好，钢价处于较高水平；进入 2009 年，钢价触底，营业收入大幅下降。随后，政府出台一系列政策以刺激经济，收入指标有所好转，但 2012 年之后仍再次进入下行区间。

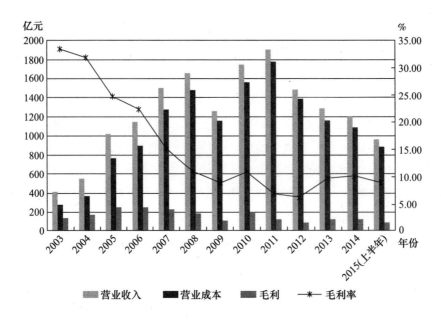

图 3 - 12　2003—2015 年上半年宝钢集团营业收入、
营业成本、毛利和毛利率情况

（四）案例 4：武汉钢铁股份有限公司（合并前）

1. 公司简介

武汉钢铁股份有限公司是由武汉钢铁集团公司控股的国内第二大钢铁上市公司，也是全球最大的硅钢生产企业，拥有当今世界先进水平的炼铁、炼钢、轧钢等完整的钢铁生产工艺流程。其生产的钢材产品共计 7 大类、500 多个品种，主要有冷轧薄板、冷轧硅钢等；商品材总生产能力 1000 万吨，其中 80% 为市场俏销的各类板材。武汉钢铁股份有限公司是中国上市公司 50 强和综合经济效益前 20 名，沪深十大上市公司之一。其钢铁产品中，热轧产品占 42.03%，冷轧产品占 35.99%。

2. 钢铁产能和产量

据公司年报披露，2007 年武钢的铁、钢和钢材产能分别为 1165 万吨、1190 万吨和 1056 万吨，此后在 2009 年获得较大增长，钢产能达到近 1800 万吨，其后几年持续小幅增长。截至 2015 年，公司的

铁、钢和钢材产能分别为 1718 万吨、1854 万吨和 1698 万吨。

就钢铁产量来看,2005—2008 年钢铁市场产销两旺,产量稳步上升,2009 年金融危机导致钢铁需求下降,产量减少,2010 年市场有所回暖,产量增加。2011 年在整体行业不景气的情况下,公司秉承调结构、满负荷、低成本、高质量的原则进行调整,产量总体增加,2012 年至 2014 年产量基本稳定,2015 年钢铁行业呈现出产能严重过剩、环保压力沉重局面,受市场环境影响,订货量减少,销售价格下降,产量也随之减少,生产铁 1515.5 万吨、钢 1539.6 万吨、钢材 1434.0 万吨,比上年分别减少 22.8%、22.3% 和 22.6% (见图 3 – 13)。

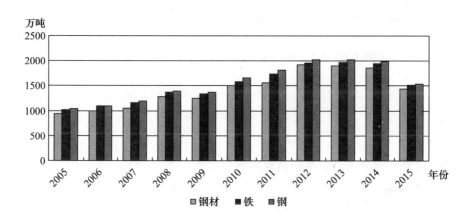

图 3 – 13   2005—2015 年武钢钢铁生产情况

3. 武汉钢铁股份有限公司利润

2006 年到 2008 年营业收入增加主要由钢铁产品供求两旺、销量增加所致,营业成本上涨主要由铁矿石、燃料等原材料价格上涨所致,二者叠加,最终引起毛利率下降。2009 年金融危机对钢铁行业形成冲击,钢铁生产和需求双双下降导致主营业务收入下降,而原材料和燃料价格降低则导致主营业务成本也随之下降。2010 年和 2011 年钢铁市场有所回暖,钢价上升,各项利润指标也有所好转。2012 年之后市场行情持续走低,尤其 2015 年以来,钢铁行业进入"冰冻期",全行业出现严重亏损,公司生产经营遇到了前所未有的困难(见图 3 – 14)。

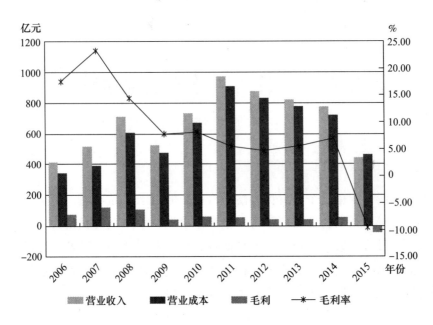

图 3 - 14　2006—2015 年武钢营业收入、营业成本、毛利和毛利率变化情况

4. 宝钢和武钢兼并重组事宜

2016 年 6 月宝钢和武钢两大巨头兼并重组的消息被媒体曝出。中国钢铁工业规模已经占到全球市场份额的一半，但是行业前四大钢铁企业的粗钢产量占全国粗钢总产量的比重仅为 18%，而在日本前两大钢企的市场占有率就超过 70%。提高行业集中度对钢铁企业的健康发展有重要意义，作为国民经济的基础产业，也必须拥有规模经济。

第四章 水泥行业与企业的典型研究[*]

——产能扩张的事实

水泥行业也是个具有代表性的行业，但由于产品不同，所呈现的部分特征与钢铁行业有所不同，主要是水泥在生产上具有较大的灵活性，沉没成本较小。但水泥产品本身又具有易损耗、辐射半径有限等特征，因而我们可以分析整体行业变化、代表性区域、代表性企业在产能方面的变动，由此揭示其中的变化过程。

一 全国水泥行业生产能力

水泥行业通常也被视为重点和典型行业。从行业发展看，水泥的生产在1980年后得到高速发展，而在2000年后，则以更快的速度增长。在2013年年底，更创下产量水平的新纪录（见图4-1）。可以说，水泥产量的持续快速增加，为国民经济的发展，包括基础设施建设、建筑业等发展均奠定了重要的基础。

同时，水泥行业的发展也基本符合中国整体国民经济的发展脉络，只不过其产量波动相对较小，整体上呈现单边增加的态势，反映出制造业的发展态势。

二 代表性区域的水泥生产能力

同样，我们也可以选择典型区域研究水泥行业的发展特征，更好

---

* 本章由高佳琳协助完成。

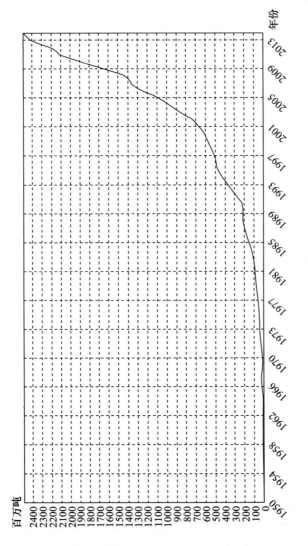

图 4 - 1 全国水泥产量（1950—2014 年）

资料来源：中国水泥协会。

地挖掘水泥产品及行业的特性。本书选择的是京津冀地区水泥行业的
生产量及其消费量。

从图4-2可以看到，北京和天津的产量远远低于河北。值得注意的是，与钢铁产量有所不同的是，水泥产量的波动要大得多，主要原因是，水泥的生产在北方是季节性的，在冬季通常不再生产，这也意味着对水泥的生产可以做较为灵活的调整。

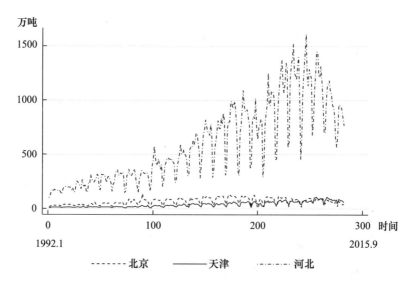

图4-2 京津冀地区水泥的月度产量（1992年1月至2015年9月）
资料来源：中国水泥行业协会。

进一步分析其波动情况可以看到，河北与全国水泥产量具有大体一致的变动特征，基本呈现增长态势，但近期有所下降（见图4-3）。

从水泥消费层面看，其主要被用作建筑材料。图4-4显示出水泥的消费量，工业消费量在1998年到2011年间快速增加。此后，水泥消费水平有所下降，但仍然高于2010年，当然，河北不再是全国重点水泥消费区域。主要原因可能跟经济发展水平紧密关联。

图4-5显示的是北京和天津的水泥消费量。北京的消费量高于天津，主要原因同样在于经济总量和发展速度。但在2010年后，北京的消费需求有所下降，而天津的需求仍然在增加。

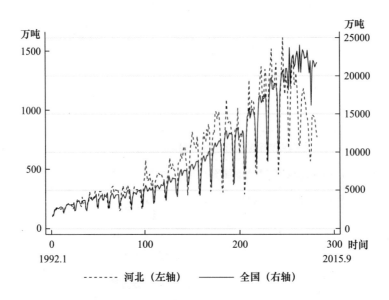

图 4 - 3　河北与全国水泥产量变动对比（1992 年 1 月至 2015 年 9 月）
资料来源：中国水泥行业协会。

从月度数据看，水泥的生产和消费都在快速增加，但波动均较大，主要的原因就是水泥生产及建设施工都受到天气的影响。

从产能利用率层面看，表 4 - 1 显示水泥和熟料之间的关系，可以看到，需求通常等于产量，换句话说，市场通常处于出清状态。除了 2015 年需求整体呈现增长态势。同时，熟料产能利用率在 2009 年、2010 年和 2011 年也都超过 80% 的水平，但 2012 年下降到 76% 水平，2015 年有可能继续下降。

中国水泥协会专门提供了产能利用率的数据，从中可以看到，在 2010 年全国产能利用率达到 84.5% 的水平，而 2011 年仍然有 80.6%，但此后不断下降，2015 年下降至 67.4%（见表 4 - 2）。不过值得注意的是，水泥协会只是报告纳入协会的企业状况，事实上存在着漏报等情形。而在区域层面，不同区域的产能利用率差距较大，如北京在 2013 年超过 80%，而天津和河北都低于 70%。

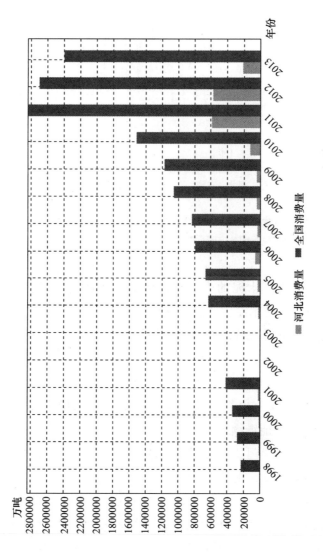

图 4 - 4　河北的水泥消费量（1998—2013 年）

资料来源：中国水泥协会。

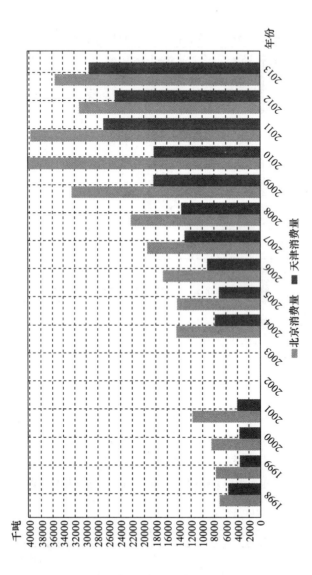

图 4 - 5　北京和天津的水泥消费量（1998—2013 年）

资料来源：中国水泥协会。

表 4 – 1   水泥和熟料的平衡表   单位：万吨,%

年份		2009	2010	2011	2012	2013	2014	2015
熟料	产量	103282	115198	128137	127854	136151	141665	137100
	增速	15.9	10.5	15.1	-1.0	5.6	4.0	-3.2
水泥	产量	162898	186796	206317	218405	241440	247619	242667
	增速	17.9	15.5	16.1	7.4	9.6	2.6	-2.0
水泥/熟料		1.58	1.62	1.61	1.71	1.77	1.75	1.77
水泥	需求	162161	188000	205522	217546	240386	247562	242611
	增速	19.0	15.9	9.3	5.9	10.5	3.0	-2.0
熟料产能		128397	146581	162021	174395	178425	181225	183625
有效产能		122914	137489	154301	168208	176410	179825	182425
熟料的产能利用率		84.0	83.8	83.0	76.0	77.2	78.8	75.2

资料来源：数字水泥网。

表 4 – 2   水泥行业的产能利用率   单位：%

年份	2010	2011	2012	2013	2014	2015
全国	84.5	80.6	72.2	72.6	72.3	67.4
北京				80.4		
天津				62.3		
河北				67.6		

资料来源：相关年份《中国水泥年鉴》。

　　水泥具有较强的区域特征，其销售半径也有限，主要是运输成本高，且属于容易腐蚀类的产品，因而可以从价格变动看出生产及销售状况。从表4 – 3可以看到，不同的地区，即使在相邻城市，水泥的价格仍然具有较大的差距。而且从时间层面看，价格波动也较大。

表 4 – 3   北京、天津、石家庄的水泥价格   单位：元/吨

年份	北京		天津		石家庄	
	P. S 32.5[1]	P. O 42.5[2]	P. S 32.5	P. O 42.5	P. S 32.5	P. O 42.5
1997	339	365	324	375	303	356
1998	329	349	316	343	280	350

续表

年份	北京		天津		石家庄	
	P. S 32. 5①	P. O 42. 5②	P. S 32. 5	P. O 42. 5	P. S 32. 5	P. O 42. 5
1999	318	333	306	326	280	328
2000	318	338	298	319	278	311
2001	320	340	305	319	280	285
2002	320	340	305	320	280	285
2003	268	286	305	314	245	291
2004	278	297	272	311	238	289
2005	282	302	251	286	240	292
2006	256	280	283	306	232	250
2007		295		290		265
2008	360	383	265	351	285	310
2009	338	364	269	356	295	343
2010	356	384	304	381	315	355
2011	419	453	358	403	330	359
2012	351	385	301	324	263	293
2013	323	354	297	315	265	304
2014	306	331	300	320	286	306

注：①②代表水泥标号。
资料来源：数字水泥网。

三　代表性水泥公司

本部分我们将分析主要的水泥公司的基本状况，特别是生产能力及实际产量数据，从中揭示水泥企业的基本生产情况。

（一）案例1：冀东水泥

1. 公司简介

冀东水泥是中国北方规模最大的水泥上市企业，以水泥生产为主业，主营业务中水泥占85.9%，熟料占9.46%，是华北地区最大的

高标号水泥供应商。公司目前水泥产能近 12528 万吨。其生产线布局和销售网络覆盖 12 个省、自治区、直辖市。

2. 产量和产能情况

2006 年至 2015 年冀东水泥产能连年增长，十年间由 0.18 亿吨涨至 1.25 亿吨，成为中国第四大水泥生产企业，但产能利用率并不高，平均不到 0.58（见表 4 - 4）。

表 4 - 4　　　　2006—2015 年冀东水泥的水泥产能及产量情况

年份	水泥产能（万吨）	水泥产量（万吨）	产能利用率（%）
2006	1800	1363	76
2007	2500	1753	70
2008	4000	2051	51
2009	6000	2981	50
2010	9000	4578	51
2011	10000	5816	58
2012	11800	6026	51
2013	11875	6596	56
2014	12528	7242	58
2015	12528	5972	48

冀东水泥产能利用不足从其产销量对比也可看出端倪。如表 4 - 5 所示，2011 年至 2014 年水泥库存均大于 140 万吨，尤其进入 2015 年后水泥销量大幅下降，由 2014 年的 7250 万吨降至 6001 万吨，同比降低 17.23%。

表 4 - 5　　　　　2011—2015 年冀东水泥的水泥产销量　　　　单位：万吨

年份	水泥销量	水泥产量	水泥库存
2011	5787	5816	
2012	5998	6026	172
2013	6618	6596	150
2014	7250	7242	142
2015	6001	5972	171

　　但单从产量来说，在经济快速增长、固定资产投资稳步增加的宏观经济背景下，冀东水泥产量急剧增加。如图 4-6 所示，2000—2011 年冀东水泥的水泥及熟料产量直线上升，年均增速高达 41.6%，但在 2012 年迎来拐点，增速明显放缓，产量与 2011 年基本持平，2013 年比 2012 年增长 8.5%，2014 年比 2013 年增加 11.17%，而 2015 年则有明显下降，生产水泥 5972 万吨，同比降低 17.54%，生产熟料 4843 万吨，同比降低 20.70%。

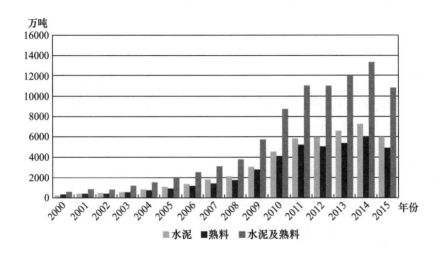

图 4-6　2000—2015 年冀东水泥的水泥和熟料产量

3. 冀东水泥利润情况

　　从成本和利润角度衡量，2012 年也是一个分水岭，毛利下降明显（见图 4-7）。主要原因是 2012 年水泥行业产能利用率降至历年最低的 72.7%，且在整体经济形势下行明显、行业竞争加剧的情况下，行业利润大幅下滑。2013 年区域市场水泥仍旧需求不旺，市场竞争激烈，产能没有得到充分的利用，但在采取加强管理、进行全员营销和降低成本等一系列措施后，形势有所好转，利润有所上升。2014 年，公司加紧核心市场全覆盖，使市场占有率得到提高，水泥销量较同期增加 9.55%；建立"统采"业务新模式，降低采购成本。但在公司

主要销售市场供需矛盾突出的情况下，水泥均价下降约 10.1%，最终造成 2014 年水泥行业毛利比 2013 年还低约 20%。2015 年，公司所属区域水泥产能严重过剩，供需矛盾不断激化，房地产等下游行业状况不佳，区域市场需求低迷加剧。公司水泥销量大幅下降且售价降低幅度大于成本降低幅度，造成公司水泥主业重大亏损，为公司上市以来第一次年度亏损。

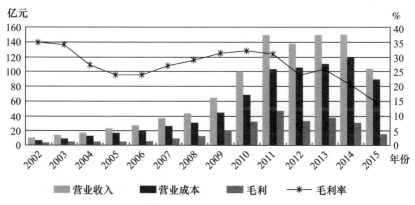

图 4 - 7 2002—2015 年冀东水泥水泥和熟料营业

收入、营业成本、毛利及毛利率

（二）案例 2：金隅股份

1. 公司简介

金隅股份前身为北京市建材工业局，2005 年经北京市国资委、发改委等机构批准，由金隅集团、中材股份、北方房地产、天津建材集团以及合生集团发起设立。金隅股份属于国家重点支持的 12 家大型水泥企业之一，也是京津冀区域最大的水泥生产商及供应商、全国最大建材制造商之一。其经营格局东至天津，南到河南北部，西至山西东部，北到吉林。

金隅股份有产业板块协同和绿色循环技术两大发展优势。公司依托水泥及预拌混凝土、新型建材制造及商贸物流、房地产开发、物业投资与管理四大板块形成了核心产业链。在循环经济、绿色发展的理念下，公司开发了利用水泥窑协同处废的生产线，处理北京市约 90% 的危险废弃物。作为产业链中的重要一环，水泥生产对金隅股份的发展具有战略意义。

2. 产量和产能情况

（1）水泥产能

从 2010 年起，为响应国家关于水泥产能的集中和发展循环经济的政策，金隅股份完成了对北京水泥厂、天津金筑混凝土、大成水泥、河北太行水泥、振兴水泥等区域内多家水泥企业的并购重组工作，进入山西、河南等周边区域市场，实现了水泥经营规模扩张和产业布局优化，水泥及熟料综合销量达 2845 万吨，同比增长 104.97%。2011 年在水泥行业发展势头良好的情况下，实施收购山西左权辽州水泥、河南焦作岩鑫水泥和河北凤达水泥等项目，全面启动与昊华集团合作的河南沁阳金隅、河北宣化金隅电石渣制水泥项目。2013 年停产退出金隅顺发和金隅平谷两家企业，压减水泥产能 150 万吨，2014 年继续推进冀南、冀中、冀北建材基地建设，水泥产能实现较大提升。截至 2015 年年底，公司在京津冀区域拥有 32 条熟料生产线，水泥产能约 5000 万吨，水泥熟料产能约 4250 万吨。

（2）水泥产销量

如图 4 - 8 所示，2010 年到 2015 年金隅股份水泥的销量年均增速高达 9.26%，除 2012 年行业探底，水泥及熟料综合销量同比降低 3.6% 外，其余年份销量均增加。但在 2015 年水泥及熟料销量较 2014 年减少 3.2%，主要原因在于 2012 年行业探底，水泥产销量同步降低，进入 2015 年后，固定投资增速放缓，水泥需求又大幅减少，导致价格低、利润少。

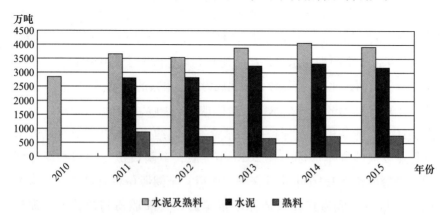

图 4 - 8 2010—2015 年金隅股份水泥及水泥熟料销售情况

3. 金隅股份利润情况

营业收入、营业成本、毛利以及毛利率的变化趋势类似，均是 2010—2011 年增势突出，2012 年探底，2013 年和 2014 年小幅回升，2015 年降势明显。如 2010 年至 2014 年平均毛利率为 18.27%，2015 年毛利率下降为 13.33%（见图 4-9）。

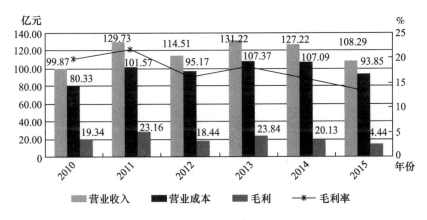

图 4-9 2010—2015 年金隅股份水泥板块营业收入、
营业成本、毛利及毛利率变化情况

4. 金隅股份与冀东水泥的兼并重组

水泥行业属于毛利较高行业。近 10 年水泥板块（包含混凝土等相关业务）毛利率为 22% 左右，国际大型水泥、混凝土企业如 Cemex、LafargeHolcim 近几年毛利率高达 30% 以上。但 2015 年华北地区水泥行业整体出现大额亏损（其中山西亏损 21 亿元，河北亏损 15.4 亿元），利润率连续三年低于全国平均水平，产品纯利润最低的五个省市中包含三个华北省市（山西、北京、河北），华北成为效益最差的区域。

在京津冀地区，冀东水泥和金隅股份是两家水泥龙头企业，公司高层认为行业集中度低导致的无序竞争是制约京津冀乃至整个北方水泥行业发展的根本原因。在 2015 年年底，金隅股份与冀东水泥计划进行股份换购。2016 年 8 月交易完成后，金隅股份将直接持有冀东水泥 55% 股权，成为其控股股东。重组后，金隅股份将剥离其水泥产业，届时冀东水泥将成为集水泥、混凝土、耐火材料、环保、砂石骨料

等于一体的全国最大的综合型建材企业之一，熟料产能将由 7483 万吨上升至 1.08 亿吨，增加 44.6%，成为全国三家熟料产能过亿的水泥企业之一；水泥产能由 1.25 亿吨上升至 1.66 亿吨，增加 32.7%。北方地区的水泥市场结构将有显著变化，区域水泥价格可能上升。

（三）案例 3：中国建材

1. 公司简介

中国建材是由中国中材母公司、北新集团、中建材进出口、信达及建材总院作为发起人于 2005 年 3 月 28 日改制设立的股份有限公司，为我国建材行业的领军企业。主要经营水泥、轻质建材、玻璃纤维及玻璃钢制品以及工程服务业务，是全球最大的水泥生产商。在山东省、江苏省、河南省及河北省经营五家熟料及水泥厂，共设有九条生产线，下属生产水泥的子公司有中联水泥、南方水泥、北方水泥和西南水泥。

2. 产量和产能情况

公司于 2007 年和 2008 年开始对中联水泥生产线进行改造，其后多年产能稳步增加。从 2008 年到 2014 年，中国建材水泥产能持续增长，从 1.1 亿吨涨到 4 亿吨，年均增速高达 33.6%。其中 2009 年北方水泥的正式设立、2011 年 12 月 12 日西南水泥的成立对中国建材水泥产能的增长贡献率均较大。但进入 2012 年以后产能增速有所放缓（见图 4 - 10）。

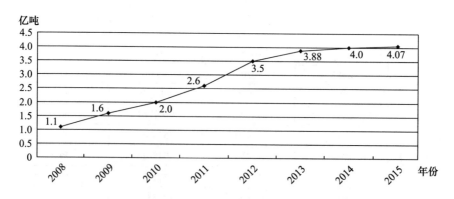

图 4 - 10　2008—2015 年中国建材水泥产能变化

总体来说，公司的产能利用率并不高，2009 年到 2015 年平均只有 55%（见表 4 - 6）。

表 4 - 6　　　　2009—2015 年中国建材水泥产能和产量情况

年份	水泥产能（万吨）	水泥产量（万吨）	产能利用率（%）
2009	16000	7792. 3	49
2010	20000	10892. 4	54
2011	26000	12936. 98	50
2012	35000	18162. 17	52
2013	38800	23717. 03	61
2014	40000	25127. 7	63
2015	40700	24114. 1	59

中国建材下属的四个水泥生产子公司中，中联水泥和北方水泥属于产能利用率较低的企业。中联水泥历年产能利用率均值为 52%，2015 年为 47%；北方水泥历年产能利用率均值为 45%，2015 年为 52%（见表 4 - 7）。

表 4 - 7　　　　历年中国建材子公司水泥产能和产量情况

子公司	年份	水泥产能（万吨）	水泥产量（万吨）	产能利用率（%）
中联水泥	2009	5200	2886. 04	56
	2010	7000	3772. 94	54
	2011	8000	4120. 45	52
	2012	8800	4259. 01	48
	2013	9100	4856	53
	2014	10100	5083	50
	2015	10300	4830	47
南方水泥	2009	10000	4906. 26	49
	2010	11700	6601. 62	56
	2011	13000	7574. 64	58
	2012	13700	8046. 24	59
	2013	14800	10217	69
	2014	14800	10258. 9	69
	2015	14900	9625. 8	65

续表

子公司	年份	水泥产能（万吨）	水泥产量（万吨）	产能利用率（%）
北方水泥	2010	1300	517.84	40
	2011	2500	934.36	37
	2012	3200	1308.06	41
	2013	3300	1370.13	42
	2014	3300	1895.6	57
	2015	3247	1681	52
西南水泥	2011	2500	307.53	12
	2012	8600	4548.86	53
	2013	11400	7273.90	64
	2014	11700	7890	67
	2015	12000	7977	66

注：西南水泥于2011年12月12日在成都成立，所以当年产能利用率很低。

3. 中国建材利润情况

2012年是中国建材水泥板块的产量、销量、毛利以及毛利率等各项利润指标的分水岭。中国建材水泥板块中除北方水泥外，2011年前各子公司毛利和毛利率指标呈现良好发展趋势，在2012年探底，2013年和2014年略有提升，2015年又进入下行期。究其原因，2012年固定投资，尤其是房地产投资增速大幅减缓，造成水泥需求减少，价格降低。而北方水泥之所以表现较好是由其水泥售价较高所致，2012年北方水泥售价为366元/吨，比均价高100元左右。

（1）中联水泥

中联水泥2006—2014年水泥产量和销量稳步增长，但在2012年增速曾大大减缓，且在2012年后产销量差值有增大趋势，主要是由于需求减少、行业不景气的原因所致。2015年，水泥和熟料总产量10005万吨，同比减少7.1%，总销量6311万吨，同比减少6.9%（见图4-11）。

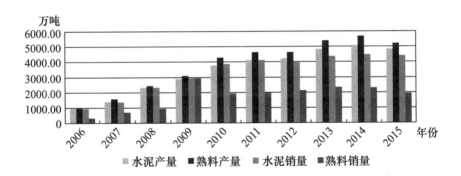

图 4 – 11 2006 年至 2015 年上半年中联水泥产销量变化情况

中联水泥毛利和毛利率也在 2012 年触底，2013 年和 2014 年有所提升。2013 年营业收入和毛利率上升部分归功于公司合并和煤价降低；2014 年营业收入和毛利率提升则归因于水泥价格上升和销量增加。2015 年以来，中联水泥营业收入和毛利率降幅明显，半年期收入为 201.06 亿元，比 2014 年同期减少 77.37 亿元，降幅约 27.59%，毛利率则由 27.7% 下降为 21.83%（见图 4 – 12）。

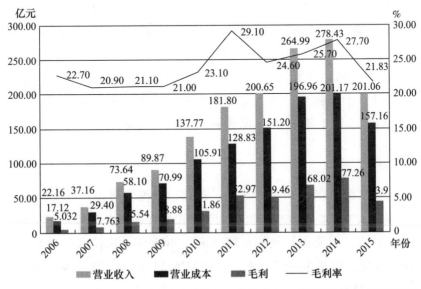

图 4 – 12 2006—2015 年中联水泥营业收入、营业成本、毛利以及毛利率变化情况

（2）南方水泥

2007 年到 2014 年南方水泥产量连年走高，销量在 2012 年有所减少，2013 年增加，2015 年再次减少（见图 4-13）。

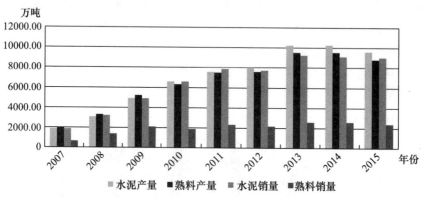

图 4-13　2007—2015 年南方水泥产销量变化情况

2007—2011 年，南方水泥的营业收入、营业成本、毛利率均呈现良好的增长趋势，2012 年急剧下降，2013 年和 2014 年毛利和毛利率回升明显。2013 年南方水泥毛利大幅增长是因为公司兼并；2014 年南方水泥营业收入下降是由于水泥售价和销量减少所致，毛利上升是由于煤价降低导致成本减少所致。2015 年又出现下行趋势，各项收入指标均下降，主要原因是水泥售价和销量双降（见图 4-14）。

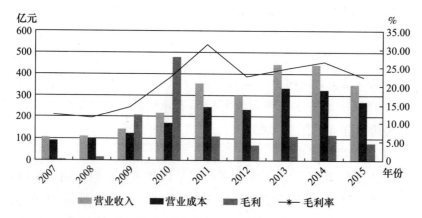

图 4-14　2007—2015 年南方水泥营业收入、营业成本、
毛利以及毛利率变化情况

（3）北方水泥

北方水泥 2007 年到 2014 年产销量连年走高，但也面临产销量差值增大趋势。进入 2015 年产销量减少趋势明显，全年水泥和熟料产量共计 2815 万吨，同比减少 18.78%，销量 1869 万吨，同比减少 17.85%（见图 4 - 15）。

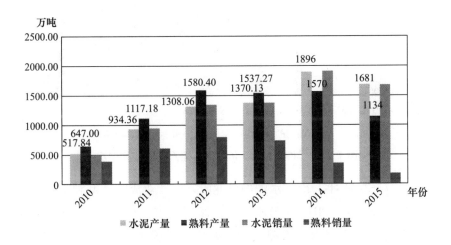

图 4 - 15　2010—2015 年北方水泥产销量变化情况

2010 年到 2014 年北方水泥营业收入、营业成本以及毛利均呈现增长趋势，但在 2015 年陷入颓势。2012 年北方水泥能够在营业收入、营业成本和利润方面逆势而上主要是因为 2012 年其水泥售价有所提高。2014 年北方水泥营业收入和毛利增加是由于销量增加，但部分被售价降低所抵消，同时由于煤价下降导致成本下降，所以毛利上升。进入 2015 年，北方水泥各项盈利指标下降明显，主要是由于水泥销量和售价双降（见图 4 - 16）。

（4）西南水泥

2011 年到 2014 年，西南水泥产销量连年走高，但产销量差值有增大趋势，2014 年产销量差值为 5713 万吨，占总产量的 41.02%。2015 年 6 月，西南水泥的水泥和熟料总产量和总销量与 2014 年基本持平（见图 4 - 17）。

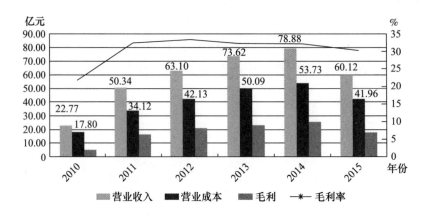

图 4-16　2010 年至 2015 年上半年北方水泥营业收入、
营业成本、毛利以及毛利率变化情况

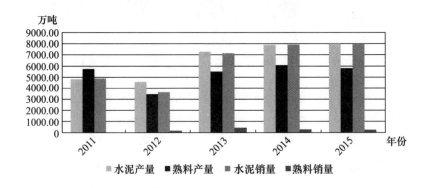

图 4-17　2011—2015 年西南水泥水泥和熟料产销量变化情况

　　2013 年西南水泥的营业收入和毛利率上升部分归功于公司合并和煤价降低以及水泥价格的上升。2014 年西南水泥的营业收入和毛利率上升则由于售价上升、销量上升，同时煤价降低所致。2015 年以来，西南水泥各指标降幅明显，主要原因还是水泥售价和销量的降低（见图 4-18）。

　　（四）案例 4：中国中材

　　1. 公司简介

　　中国中材组建于 1983 年，为国务院国有资产监督管理委员会直

接管理的中央企业。集团有直属单位及控股子公司 69 家（其中 1 家
H 股和 7 家 A 股上市公司，国家级科研设计院所 13 家），分布在全国
各地，在美国、欧洲、日本、中东和非洲等 60 多个国家和地区设有
分支机构。

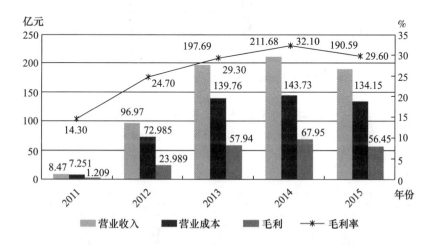

图 4 - 18　2011 年至 2015 年上半年西南水泥营业收入、
营业成本、毛利以及毛利率变化情况

公司主要从事水泥技术装备及工程服务、玻璃纤维、水泥和高新
材料业务，是全球最大的水泥技术装备与工程服务供货商、中国非金
属材料行业领先生产商。其生产水泥的子公司主要有天山股份、中材
水泥、宁夏建材和祁连山控股。

2. 产量和产能情况

如表 4 - 8 所示，2008 年至 2014 年中国中材水泥产能由 3200 万
吨增加到 10519 万吨，增加 228.72%，最高时产能 10588 万吨。而销
量增长相对缓慢，同期只由 1757 万吨增长到 7565 万吨，产能利用率
处于较低水平。2015 年公司开始缩减产能，未公布产能数据，但水泥
销量相比 2014 年有所减少，为 7345 万吨。

表 4 - 8　　　　　2008 年到 2014 年中材水泥产能和销量情况

年份	水泥产能（万吨）	水泥销量（万吨）	产能利用率（%）
2008	3200	1757	55
2009	5200	2208	42
2010	7000	3607	52
2011	8700	4908	56
2012	10000	6302	63
2013	10588	7470	71
2014	10519	7565	72

就水泥和熟料的整体销售情况来看，2006 年到 2014 年持续增长，但涨幅越来越小。2015 年销量减少明显，水泥销量比上年同期减少 220 万吨，熟料销量比上年同期减少 120 万吨（见图 4 - 19）。

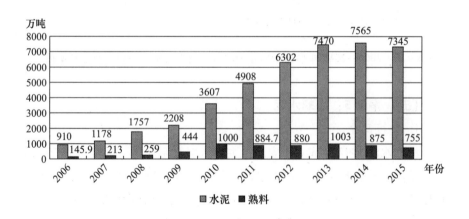

图 4 - 19　2006—2015 年中国中材水泥销量情况

3. 中国中材利润情况

2006 年到 2011 年由于水泥需求量和价格上涨，中国中材水泥板块的营业收入、毛利和毛利率基本都呈现上涨趋势。2012 年毛利下降是由于水泥价格降低所致。2013 年国内淘汰落后产能使得行业集中度提高，中国中材营业收入上升是由于销量上升，毛利上升是由于单位

生产成本下降。2014 年继续淘汰落后产能、降低生产成本，中国中材营业收入减少是由于水泥价格降低，毛利率上升 0.91 个百分点是由于生产成本降低。2015 年以来中国中材降低能耗，并把吨水泥销售成本降低 18 元，但即便如此，公司各盈利指标仍处于恶化中（见图 4 - 20）。

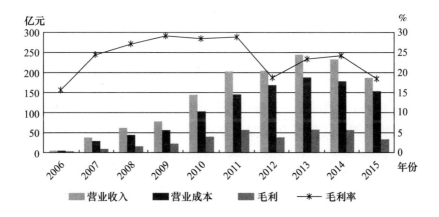

图 4 - 20 2006—2015 年中国中材营业收入、营业成本、毛利以及毛利率情况

（五）案例 5：海螺水泥

1. 公司简介

海螺水泥 1997 年成立于安徽，主要从事水泥及商品熟料的生产和销售，是世界上最大的单一品牌供应商。公司下属 100 多家子公司，分布区域横跨华东、华南和西部 18 个省、市、自治区，并在印度尼西亚、缅甸、柬埔寨等地设有子公司。就产能方面来看，公司现有铜陵、英德、池州、枞阳、芜湖 5 个千万吨级特大型熟料基地，并在安徽芜湖、铜陵兴建了代表当今世界最先进技术水平的 3 条 12000 吨水泥生产线。

公司的主要竞争优势在于规模经济和地域优势以及产品质量。公司在华东、华南地区拥有丰富的优质石灰石资源，采用新型干法旋窑工艺技术，实现了从矿石开采到码头装运的全程自动化控制，同时能够生产各种特种水泥，如抗硫酸盐水泥、中低热水泥和道路水泥、核电水泥、无磁水泥、美标 II 水泥和 IV 水泥。

2. 产量和产能情况

从 2006 年到 2015 年海螺水泥产能和熟料产能连年增高，水泥产能由 6500 万吨增至 29000 万吨，熟料产能由 5900 万吨增至 22900 万吨，均翻了近两番。而同期产能利用率则有下降趋势，水泥由 88% 降至 77%，最低时为 71%；熟料从 102% 降至 90%，最低时不足 85%（见表 4 – 9）。

表 4 – 9 　　　　　　2006—2015 年海螺水泥产能和利用率情况

年份	水泥产能（万吨）	水泥产量（万吨）	水泥产能利用率（%）	熟料产能（万吨）	熟料产量（万吨）	熟料产能利用率（%）
2006	6500	5693	88	5900	6036	102
2007	8100	6410	79	6900	6987	101
2008	9460	7711	82	8586	8168	95
2009	10550	9680	92	10206	9503	93
2010	15000	11000	73	13000	11500	88
2011	18000	13000	72	16400	13700	84
2012	20900	14900	71	18400	15400	84
2013	23100	18900	82	19500	18300	94
2014	26400	21900	83	21200	19700	93
2015	29000	22400	77	22900	20700	90

2006—2015 年，水泥和熟料产销量连续增加。进入 2015 年，随着公司收购兼并和新建项目产能的投放，中部、西部区域市场控制力和竞争力进一步增强，同时，随着国际水泥市场回暖及印度尼西亚市场开拓初见成效，出口及海外市场销量同比增长 51.74%（见图 4 – 21）。

3. 海螺水泥利润情况

2006—2015 年海螺水泥营业收入和营业成本基本呈现上升趋势，其中 2012 年行业不景气，曾有所下降。2013 年和 2014 年则有较大反弹。2015 年各项指标再次呈现下降趋势，与 2012 年类似，虽然煤炭价格下降以及煤电消耗等主要指标进一步优化使公司产品综合成本下降约 5.99%，但由于产品价格大幅下降，产品利润下降 37.1%，毛利下降 46.48%（见图 4 – 22）。

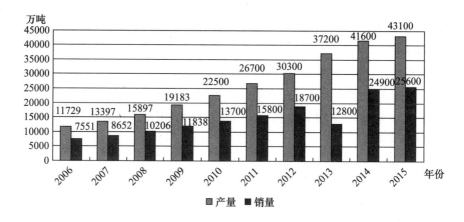

图 4-21 2006—2015 年海螺水泥水泥和熟料产销量变化情况

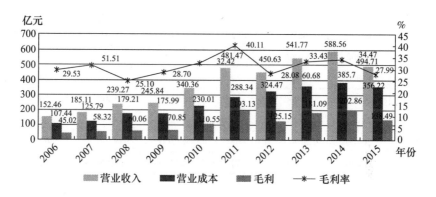

图 4-22 2006 年至 2015 年上半年海螺水泥营业收入、
营业成本、毛利和毛利率变化情况

(六) 案例 6：塔牌水泥

1. 公司简介

塔牌水泥以水泥为主业，是全国 60 家重点支持水泥工业结构调整的大型企业集团之一，也是广东省最具规模和综合竞争力的水泥龙头企业，具有区域优势。目前已形成广东惠州、梅州，福建武平"三大"水泥生产基地，拥有 6 个大中型熟料、水泥生产企业，12 个全资子公司。公司具有完整的产业链，上游有矿山、煤炭贸易公司，下游有混凝土搅拌站、管桩厂、新型建材公司，水泥销售在粤东地区占

有率始终维持在40%以上。主营业务中水泥占92.44%，混凝土占5.6%，管桩占1.59%，骨料占0.07%，石灰石占0.03%，电力占0.01%。

2. 产量和产能情况

水泥是区域性产品，基于广东省发达的经济基础和企业的龙头地位，塔牌水泥市场需求稳定，产量主要受制于产能。2009年8月福建塔牌一线顺利投产，2010年产量增加约118万吨；2011年，福建塔牌二线全面顺利投产，2011年产量增加约121万吨。2010—2012年间共淘汰了12条机立窑落后产能生产线。截至2015年年底，企业拥有水泥产能约1400万吨，利用率高达100%以上，2015年实现水泥产量1468.89万吨、销量1464.56万吨，较上年同期分别增长了4.87%、5.39%（见图4-23）。当蕉岭县2×10000吨/天新型干法水泥生产线建成后，公司水泥年产能将达2200万吨。

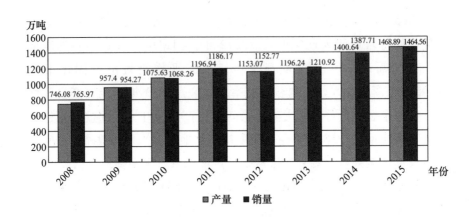

图4-23 2008—2015年塔牌水泥产销量

3. 塔牌水泥利润情况

2005年到2011年塔牌水泥营业收入、毛利和毛利率增势明显，2012年探底，2013年和2014年又小幅回升，2015年再次面临下降趋势（见图4-24）。

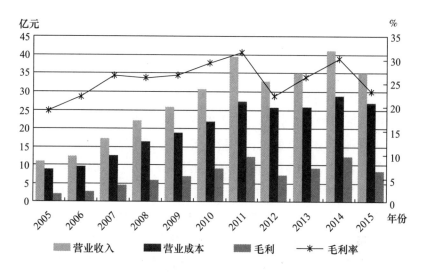

图 4-24 2005 年至 2015 年上半年塔牌水泥营业收入、
营业成本、毛利和毛利率变化情况

2005—2011 年由于市场需求旺盛，水泥价格上涨和企业的区域地位优势使得营业收入连年增长。2012 年，固定资产投资增长速度放缓，水泥需求增长速度明显下降，水泥平均销售单价同比下降 14.45%，营业收入、毛利和毛利率均探底。2013 年固定资产投资增加，水泥市场有所好转，尤其是第四季度产销两旺，各项盈利指标相比上年有所增加。2014 年受益于粤东西北地区振兴发展战略、赣闽粤原中央苏区振兴发展规划和区域落后产能淘汰，水泥销售价格较 2013 年上升了 2.51%，水泥销售成本较 2013 年下降了 2.53%，营业收入继续增加。2015 年，水泥行业竞争日趋激烈，水泥产品价格持续下跌，公司水泥销售价格较上年同期下降了 18.64%，而水泥销售成本同比仅下降了 11.30%，使得综合毛利率下降了 6.19 个百分点，叠加影响之下，报告期公司营业利润、利润总额和归属于上市公司股东的净利润出现了较大幅度下降，未能实现 2015 年净利润 6 亿元的预定目标。

第五章　地方政府在产能问题中的作用及作用方式研究

产能扩张引起了广泛关注，但也存在着不少模糊之处。产能扩张的原因有很多，结合中国产能特性不难发现，地方政府在产能扩张中起到了关键的推动作用。地方政府推动了中国经济的高速增长，但同时也带来了产能过度扩张的问题。本章对其中的机制和途径进行挖掘，认为地方政府干预企业产能的微观机制或政策工具可能是行政审批，即在晋升激励下，地方政府会"变相"通过审批制度和权限来做大本地产能。因此，减少或下放审批事项的审批改革就可能成为"去产能"的釜底抽薪之举，事半功倍。同时，现行行政审批改革也可能存有一定的不足和优化空间。本章使用 2004—2013 年中国地级市数据检验了行政审批及其改革对产能扩张的作用及限度，研究发现：①在晋升激励下，地方政府会利用手中的审批权限，推动产能扩张；②行政审批改革会减少地方政府的权限，有助于化解过剩产能；③审批改革存在局限性，环保、安全等审批不但不能取消或下放，还更应加强。因此，当前基于市场失灵导致"产能过剩"的假说而加强审批管制的政策并不恰当，应该加强并优化审批改革，在总体上取消或下放审批事项，并强化环保等少数"效益型"审批。

一　问题提出

产能问题不仅引起国内政策的关注——"去产能"成为重要的政策举措；同时也引起了国际争议和贸易纠纷，欧盟、IMF、美国等都

对中国产能问题进行了不同程度的批评。因而，有必要更加客观地研究产能问题。一方面，需要解释何种因素推动着产能的快速扩张和由此带来的中国经济发展，从正面解析中国增长的驱动力；另一方面，需要解释为何会形成过剩产能，并由此引出了"去产能"的问题。

事实上，包括钢铁、煤炭等代表工业化特征的产能一直是历史上中国所追求的目标，产能扩张是经济奇迹的重要表现。30 多年的改革开放，中国产能快速扩张，粗钢、水泥、电力等主要工业品的人均产量在 1978—2014 年分别增长了 17.1 倍、25.8 倍和 15.4 倍。然而，在产能扩张推动经济增长的同时，脱离实际需求的过度扩张也会带来产能过剩（excess capacity）问题。目前中国经济增速有所放缓[①]，产能需求进一步下滑，供求不平衡在今后一段时间将更加严重。

产能扩张以及过度扩张的原因可以总结为三方面：企业自发策略，市场失灵，体制性原因。

企业自发策略假说认为，建立过量产能是企业在寡头竞争中的策略性行为（Benoit、Krishna，1987），企业保有一定的过剩产能可以应对市场多变的经济环境（钟春平、潘黎，2014）。这类研究主要关注市场竞争、产业组织、经济周期等因素，这些因素导致的过剩产能是市场经济的常见现象，在世界各国基本都存在。

市场失灵假说主要有两个论据："潮涌"现象，进入门槛低导致过度进入。林毅夫（2007）、林毅夫等（2010）提出"潮涌"理论，认为对行业发展前景的社会共识，会引发投资的"潮涌"现象，进而导致产能过度扩张。实际上，企业对行业前景的所谓共识可能并不存在（江飞涛等，2012），"潮涌"只是产能扩张的结果而非原因。同时，技术壁垒较低导致企业过度进入的论点忽略了一个重要事实，技术只是企业投资生产的条件之一而不是全部，环评、能评等都是投产的必要条件。因这些条件在中国没有得到较好的满足（杨蕙馨，2004），所以与其说是技术标准低导致了过度进入，不如说是因忽视

---

① Barro（2016）基于条件收敛和全球经验认为，中国经济增长将回落到 4% 这一潜在增长率水平上。

其他标准所致。

　　相比企业策略和市场失灵假说，地方官员的晋升激励可以解释中国"产能过剩"高于欧美、产能已经过剩情况下仍有企业涌入、环保和安全生产等标准没有较好执行等中国产能扩张的"特殊性"。例如，周黎安（2004）提出，当投资利于政治晋升时，投资的负利润前景将不足以阻止市场进入。目前，从地方政府角度理解产能扩张的文献较多（周黎安，2004；陶然等，2007；谭劲松等，2012），但关注点主要是地方政府为了晋升而发展经济（GDP 或财政）导致过度投资，却没有进一步挖掘具体实现机制。

　　本章侧重分析地方政府在产能扩张中的作用方式和具体途径，并推测行政审批是地方政府干预企业产能的重要作用机制。如果说官员晋升（GDP、就业和财政）是动机，那么土地出让、信贷支持、财政补贴和税收优惠、选择性环保执法就只是表象，其更为深层的作用方式或途径是行政审批。行政审批是政府干预企业微观活动的最重要的工具，设置了审批就可以把相应的权力转移到政府手中，选择什么企业、什么项目进入市场，对个体企业是鼓励还是限制，对个别项目是否严格落实环保、安检等都是审批带来的自由裁量权。所以，行政审批是地方政府推动产能扩张的"牛鼻子"。顺着这一思路，取消或下放审批权限的审批改革将有助于抑制产能扩张。

　　需要更进一步探讨的是，审批改革抑制产能扩张是否存在一定的限度。审批改革是破除地方政府为了晋升而盲目扩大产能的"釜底抽薪"之举，其固然可以通过为市场机制松绑而起到"去产能"的效果，但是政府不能完全放开审批。这是因为在环保等方面会发生市场失灵，而正是政府在这些方面审批的缺位压低了企业成本，导致过多的低端产能涌入。因此，在环保等方面的审批不仅不能取消或下放，而且还要加大垂直管理和执法问责力度。所以说，目前的审批改革有一定限度，整体放松的情况下在部分领域要加强，不能片面强调放松而忽视需要加强的部分。

　　本章研究的核心问题是检验地方政府在产能扩张中的作用，主要包括三方面内容：地方政府的晋升激励对产能扩张的影响，审批改革

对产能扩张的抑制作用，以及审批改革的局限性；三个方面依次递进。本章的主要创新体现在：①从行政审批这个政府干预微观活动的核心机制入手，分析产能扩张的制度成因。现有文献大都认为地方官员为了晋升而推动产能过快增长，但没有分析其具体实现机制。本章认为，行政审批是政府干预企业产能的"抓手"。②肯定审批改革对"去产能"的积极作用的同时，还检验了其可能存在的局限性，较为全面地分析了审批改革的整体导向和局部调整。③使用地方审批中心设立时间虚拟变量测度了审批改革程度，并为了克服测量误差，使用渐进 DID 的思想区别了不同的审批中心以及中心设立时长。同时，以省内其他城市审批中心情况和市民教育水平作为审批中心的工具变量（IV），确保了结果的稳健性。

二 研究假说

1. 地方政府的行为方式与制度特征回顾

中国产能扩张的奇迹很大程度上要归功于制度变迁；然而，依照西方惯用的评价体系，中国的制度质量却比较差（Acemoglu、Robinson，2012）。为了解释这一悖论，需要从中国制度的特殊性入手。许多学者都认为，中国增长的制度基础是地方政府的晋升激励。Qian 和 Weingast（1997）认为，中国的地方官员是政治企业家，他们会积极地招商引资并主动为当地企业向上级政府要优惠政策；姚洋（2009）提出，中国政府是中性政府，可以调和各方利益和长短期利益，获得长期总利益最大化；Rothstein（2015）发现，西方惯用的评价制度水平的方法并不完全适用于中国，忽视党组织和官员激励的作用将低估中国制度的质量。

20 世纪 80 年代开始，中国将官员的晋升标准确立为以经济绩效为主（Jin 等，2005）。Rothstein（2015）把中国的官僚组织称为"干部制"，上级往往会容许下级在政策执行中拥有相当程度的自由裁量权，同时采取只看结果不看过程的绩效考核方法。而地方绩效的实现

在很大程度上取决于当地的投资项目状况，因此地方政府具有很强的动机扩大投资规模（Bai 等，2000），行政及市场资源均向资本家倾斜（Li、Zhou，2005），高投资、高税收和高就业的过剩产能行业往往受到青睐。一些地方政府甚至设置破产退出壁垒，以保障各自辖区内的投资和就业。Fan 等（2007）发现中国存在政治关联的企业的多元化绩效较差，表明地方政府在推动企业进入缺乏成长性和营利性的领域。因此，产能扩张主要受到体制方面的因素影响，比如地方官员政绩"锦标赛"（周黎安，2004）以及财政分权（王立国、张日旭，2010）等。

2. 行政审批会不会反而促进产能的扩张

中国地方政府是亲商的（Li、Zhou，2005），甚至对大企业、大项目实施特惠制度（Bai 等，2014）。王文甫等（2014）发现地方政府为了追求 GDP 和税收，往往倾向于支持大企业、重点企业。同时，地方政府具有干预企业过度投资的能力（谭劲松等，2012）。政府可以通过多种行政审批方式干预企业的投资，如市场准入、项目审批、投资审批和核准、供地审批、贷款的行政核准等。尽管中央政府上收了较大项目的审批权，但项目落地的其他审批事项均由地方政府负责（如工商、税务、环保等），企业落户条件也由地方政府决定（如土地、区位、水电供应等），地方政府掌握了项目落地的实质审批权。陶然等（2007）发现，1999—2003 年中国土地出让的 85% 以上采用了政府"包办"的低价协议方式，招拍挂市场方式仅占约一成。地方政府甚至会通过把项目拆分成若干个小项目来绕过中央审批，在本地权限下进行批复（王立国、张日旭，2010）。例如，2003—2005 年新增的炼钢产能中，经国家发改委、环保部、国土部核准的项目产能不足 20%[①]。

因此，中国地方政府的审批，与其说是筛选合格的企业进入，不如说是代替市场决定企业是否能进入，并给予了政府调动资源扶持企

---

① 《关于钢铁工业控制总量淘汰落后产能　加快结构调整的通知》，http：//www. hbepb. gov. cn/admin/htmup/fggy20061084. htm，2006 年 6 月 14 日。

业的能力，使政府代替市场配置资源并选择产业及企业。因此，审批成了地方官员晋升工具，其不再是筛选而是变相激励。一方面，把进入门槛降低到不审批（通过市场竞争自发进入）甚至国家基本标准（相关法律及中央审批要求）之下，让一些不达标企业进入市场；另一方面，以地方财政或者社会成本为代价补贴企业，在土地、能源、信贷等资源的配套审批上，提供政府许可、核准或担保，并压低取得价格，协助企业尽可能地进入市场或扩大生产，劝诱企业"不想进也进，小进让大进"①。此外，对于不在地方政府审批范围内的事项，地方政府会和企业一起游说上级审批部门，例如，奇瑞汽车牌照的取得离不开安徽省政府的帮助。简言之，政府审批可以通过增加企业数量、做大产业项目和提供其他审批便利和优惠的方式推动产能扩张。

事实上，一些审批的设立初衷就不是为了阻止企业，而是为了给企业创造方便。例如，进入工业园区、高新区、示范区，给予减免税、出口退税，认定新兴产业、环保产业、支柱产业，甚至政府及行业协会组织的各种评优活动，等等。如果没有这些审批，则只能依靠市场机制寻求均衡产量；而加入这些审批后，企业积极性被激发，偏离最优产量。这会带来结构性问题，导致非均衡性发展，部分行业（主要是工业）"产能过剩"还会继续扩张，部分企业效率低下还能存活（主要是国有企业）。何青等（2016）发现，在财政补贴和优惠利率等政策支持下，中国工业企业的经济行为存在扭曲，出现了无利润扩张的现象。"铁本事件"就是地方政府"教唆"和协助企业扩大产能的典型事例，其间地方政府给予企业土地、贷款等优惠政策，甚至将项目化整为零绕过上级监管。如果没有地方政府的审批，通过市场机制获得土地、贷款等资源，并严格执行环保、安全生产等标准，铁本公司自发选择的产能不会如此巨大。可见，政府可以布局行业规模、企业多寡，甚至企业性质构成。虽然政府的微观干预行为并不一定是"行政审批"，但其本质上都是政府利用行政权力管制企业的行为，都需要经过严格的审批程序。综上所述，提出假设1。

---

① Qian 和 Weingast（1997）形象地认为地方官员是政治企业家。

假设1：在晋升激励下，地方政府会凭借行政审批权推动产能扩张。

3. 取消或放松审批制度会不会抑制产能的过度扩张

审批机制是政府用来干预自由市场的"抓手"，审批强度代表了政府的干预程度。审批越多、越严格，政府的微观经济权力也就越大，其推动产能扩张的能力也就越强。反过来说，取消审批事项、放松行政审批的改革，给予了企业更多的自主权，政府官员即便有晋升冲动，也会因为失去了审批这个干预企业投资的"抓手"而难以奏效，由地方政府所主导的中国特殊性的产能扩张将因此而得到抑制。

减少了地方审批之后，是否会出现过度进入呢？笔者认为，企业不会进入无利润的行业，在位企业也会在价格机制下自发增产、减产甚至退出，行业产量将趋于市场均衡，不会出现大量过剩。同时，在位企业会在竞争机制下，主动提高产品研发、质量和层次。比如，家电行业就是审批较少而产能长期趋于饱和却没有严重过剩，且产品质量不断提升的行业。Olley 和 Pakes（1996）研究发现，减少政府规制会使得资本流向更有效率的生产领域，提高资源配置效率和企业生产力。

事实上，中国行政审批改革一直在推进，且取得了较大进展。2002—2012 年国务院各部门经过 5 次清理，共取消和调整行政审批事项 2183 项，占原有总数的 60.6%；各省、自治区、直辖市本级共取消和调整行政审批事项 36986 项，占原有总数的 68.2%[①]。当前更是把行政审批改革作为全面深化改革的"当头炮"。以投资审批为例，中共十八大以来，中央层面政府核准的投资事项累计减少 76%，95%以上的外商投资项目、98%以上的境外投资项目，都改为网上备案管理[②]。所以，检验审批改革的效果，对于"去产能"以及行政改革的稳步推进都至关重要。综上所述，提出假设 2。

假设2：行政审批改革减少了审批，有助于抑制产能扩张、化解过剩产能。

4. 是不是所有的行政审批都必须取消

减少审批固然有助于"去产能"，但是审批改革的作用是有限度

①《转变政府职能从行政审批制度改革突破》，《人民日报》2012 年 5 月 14 日。
②《经济体制改革：九大领域取得重要进展》，《光明日报》2015 年 9 月 17 日。

的，不能将所有的审批权限全部取消。事实上，地方政府过度帮扶企业进入市场的一个做法就是，无底线地降低环保、安全生产等准入标准。杨其静等（2014）认为，地方政府对招商引资项目的质量有清楚认识，但其关注投资规模胜于投资质量，存在着竞相降低引资质量的底线竞争行为。许多地方政府将纵容企业污染、忽视劳工权益（江飞涛等，2012）作为吸引企业投资的重要手段。所以，在部分过剩产能行业，地方政府的行政审批不但没有降低社会成本，反而变相鼓励了不法行为。例如，聂辉华和蒋敏杰（2011）发现，国有煤矿下放省级管理时，矿难事故明显增多。

Rubashkina 等（2015）发现，环境规制虽然增加了企业的治理成本，但却可以促进企业的技术创新，进而提高生产率。Fowlie 等（2016）运用美国地质调查数据和波特兰水泥协会数据实证发现，环保政策的合理设置会大幅提高社会福利。Harrison 等（2015）认为，行政命令在限制污染企业进入和增加排污设备投资方面比市场调节更加有效。Agrawal（2016）实证发现，地方政府在和上级政府的垂直竞争中一般采用互补策略，即地方政府在中央管理严格的领域会变相放宽审批标准甚至鼓励进入。因此，区别于追求产能扩张的"速度型"审批，环保、安全等"效益型"审批不能下放或取消，反而要加强。综上所述，提出假设3。

假设3：当前审批改革存在局限性，不能"一刀切"地减少或下放审批，加强环保等"效益型"审批有助于"去产能"。

总结本章的观点是，地方政府推动了中国产能的扩张，这是值得肯定的，但同时也带来了"产能过剩"的问题。抑制产能扩张可以从行政审批改革入手，同时也要考虑审批改革的局限性。需要特别说明的是，假设3并不是对假设2的否定，只是指出在整体审批应该减少的前提下，环保、安全生产等少数致力于保障社会效益的审批不能同步减少，反而要适度加强。

三　实证设计

1. 数据来源

本章使用地级市数据来检验行政审批和审批改革对产能扩张的影响。正如前文所论述的，地方政府在过剩产能问题中可能具有特殊作用，需要做针对性的检验，所以使用地级市数据体现地区差异性。

具体而言，样本包括了全国所有的地级以上城市（含直辖市和副省级城市），但不包括自治州、盟以及港澳台地区，共计 286 个，检验的样本区间为 2004—2013 年共 10 年。各城市的产能扩张、财政压力、人口等数据来自《中国城市年鉴》数据库。本章定义的审批中心变量，是通过各审批中心的官方网站、百度百科、新闻检索手工查实的。除此之外，为了检验审批改革的局限性，本章以 2012 年开始的高强度反腐作为外生事件进行准实验，手工汇总了 2010—2013 年各省厅级以上官员落马人数。

2. 变量选择

本章主要变量包括产能扩张、行政审批改革、晋升激励和"效益型"审批强度，在此对这些变量的测度方法作简要说明。

（1）产能扩张。与经济规律和国外经验相一致，中国的过剩产能问题主要发生在工业领域，且集中表现在钢铁、水泥、煤炭等行业中。董敏杰等（2015）发现，2001—2011 年中国工业平均产能利用率为 69.3%。故而，本章使用工业产出增长率（indoutput）作为产能增长的代理变量。在此需要特别说明的是，产能是一种生产能力，本身就是经济增长的积极表现，"去产能"针对的是"过剩"的产能。所以，本章进一步扣除了产能需求因素，并使用 GDP 增长率来刻画产能需求的变化，采用高于 GDP 增速的工业产出增长率（indgrowth）和工业信贷增长率（indloan）来表示产能扩张，侧重反映超过需求的过度扩张水平。

（2）行政审批改革。审批制是政府部门用行政手段控制经济活动

的主要形式。行政审批改革进展集中体现在审批中心的设立上。审批中心既是审批改革的集大成者，实现了审批事项的简化和集中办理，丰富了行政审批制度改革的服务性内涵和整体性要求，同时也是推动改革继续向前的行动主体，它的建立全面推进了行政审批制度的深化改革。审批中心设立时间的先后可以在较大程度上代表审批改革的强度。艾琳等（2013）认为，行政审批中心具有聚集整合和创新再造能力，是审批改革能否全面深化的关键。朱旭峰和张友浪（2015）、Zhu 和 Zhang（2016）使用是否设立行政审批中心的虚拟变量来表示该城市的行政审批改革情况，用 Logit 模型评估了审批改革的影响因素。考虑到地级市层面下放或取消审批事项难以量化，本章使用各地级市行政审批中心设立的时序差异来表示审批改革的不同程度，并使用虚拟变量（center_ dum）对其进行测度，据此检验审批改革对过剩产能的影响。数据识别上，本章手工查实了各地级市审批中心的设立时间，center_ dum 在下一年度及以后取值为 1，否则为 0（见图5－1）。此外，本章还定义了审批强度（center）这个连续变量。

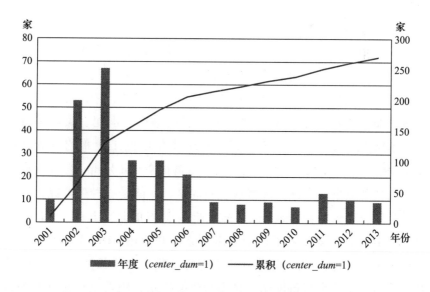

图 5－1 中国地级市审批中心设立的时间序列

资料来源：笔者绘制。

（3）晋升激励。地方政府晋升激励的文献众多，普遍认为 GDP、财政压力和辖区竞争（锦标赛）是地方政府的主要激励因素（Qian 和 Weingast，1997；周黎安，2004）。因此，本章也使用经济增长（*gdpgrowth*）、财政压力（*deficit*）和辖区竞争（*competition*）三个指标测度晋升激励。并且借鉴薛白（2011）、吴群和李永乐（2010）的做法对财政压力和辖区竞争进行测度，即财政压力 = 预算内财政收支缺口/GDP，辖区竞争 = 地级市 FDI/全省 FDI。

（4）"效益型"审批强度。为了说明审批改革的局限性，本章认为区别于单纯推动增长的"速度型"审批，行政审批其实还包括环保、安全生产等少数领域的"效益型"审批，而这类审批未必应该减少或下放。但与审批改革一样，"效益型"审批的度量也采用较为间接的方式。

本章使用反腐程度来间接度量"效益型"审批的强度，其隐含的逻辑是：反腐强化了对官员决策的问责，一定程度上督促地方政府在环保、安全生产等方面更加积极作为，加强相应的审批工作。2012 年中国加大了反腐力度，很多官员和国有企业高管落马。政府换届和纪委强化执纪这一外生事件，给计量检验提供了良好的准实验（党力等，2015）。由于地级市层面的反腐数据较难度量，这里使用了省级层面的指标，即每年被查出的厅级以上干部数量来测度反腐程度（*anti - corr*）。简言之，通过厅官落马数量度量反腐程度，作为"效益型"审批强度的代理变量，以此检验"效益型"审批的强化而非减少可以抑制产能扩张，并据此断定"审批改革有局限性，并非一放了之"。

（5）其他变量。本章还使用了以下变量：①根据生产函数控制了人口、土地、资本等影响工业产能的变量，如城市人口（*population*）、行政面积（*area*）、固定投资（*investment*）、储蓄存款（*save*）；②作为重要工业投入品的基础设施变量，如用电量（*electricity*）、货运量（*shipment*）、公路里程数（*roadmile*）；③各地方政府在发展工业方面

的禀赋差异变量如政府行政能力（*capability*）、产业禀赋（*structure*）①；④稳健性检验时用到的变量，如省内其他城市审批中心平均数（*center_ other*）、在校大学生人数（*college*）、工业二氧化硫排放（*so₂ind*）、固体废弃物综合利用率（*gtpind*）。具体定义见表5－1。

表5－1   变量定义

	名称		符号	定义
被解释变量	产能	产能增长	*indoutput*	工业增长率
		产能扩张	*indgrowth*	工业增长率－GDP增长率
			indloan	工业信贷增长率－GDP增长率
解释变量	行政审批改革	审批中心	*center_ dum*	上年度是否已设立审批中心，是＝1，否＝0
		审批强度	*center*	*center*＝0，1，2，3，分别表示未设立、服务大厅、行政中心、政务中心
	晋升激励	经济增长	*gdpgrowth*	GDP增长率
		财政压力	*deficit*	预算内财政收支缺口/GDP
		辖区竞争	*competition*	地级市FDI/全省FDI
	"效益型"审批强度	反腐败程度	*anti－corr*	省内厅级以上官员落马数量
控制变量	人口	城市人口	*population*	城市人口的自然对数
	土地	行政面积	*area*	行政区域面积的自然对数
	资本	固定投资	*investment*	社会固定资产投资的自然对数
		储蓄存款	*save*	居民储蓄存款的自然对数
	基础设施	用电量	*electricity*	社会用电量的自然对数
		货运量	*shipment*	货运量的自然对数
		公路里程数	*roadmile*	公路里程数的自然对数
	地区禀赋	政府行政能力	*capability*	公共财政预算收入占GDP比重
		产业禀赋	*structure*	第三产业占GDP比重

①　地方政府在发展工业或服务业时都会带来GDP和税收，二者具有一定的替代性，服务业的自然和历史条件很大程度上决定了政府发展工业的决心，因此，本章控制了服务业比重的影响。

续表

	名称		符号	定义
稳健性检验		其他中心	center_ other	省内其他城市审批中心平均数
	教育水平	在校大学生	college	在校大学生人数的自然对数
	环境处理	工业 SO₂ 排放	so2ind	工业 SO_2 排放的自然对数
		废物利用率	gtpind	固体废弃物综合利用率

资料来源：笔者整理。

3. 描述统计

为了控制极端值的影响，本章将除了行政审批和反腐之外的其他变量均按上下 1% 分位数进行截取，高于 99% 分位数的样本按 99% 分位数取值，低于 1% 分位数的样本按 1% 分位数取值。表 5 - 2 呈现了各主要变量的描述统计。审批中心虚拟变量（center_ dum）在 2004—2013 年的均值为 78.1%，远远超过了一半。审批强度（center）平均为 1.757，处于中间偏上水平，主要类型是服务大厅、行政中心，与政务中心还有一定距离。由于个别省级单位（如北京）只有一个地级以上城市，省内其他城市审批中心平均数（center_ other）的样本数略小于 center_ dum，均值基本持平。2010—2013 年，各省每年平均落马 3.656 个厅级以上官员，差异性较大，少则 1 个多则 19 个。从本章关心的几个被解释变量来看，工业增加值增速（indoutput）为 19.0%，高于 GDP 增速 5.6 个百分点，产能扩张迅猛，但工业信贷增速（indloan）略低于 GDP 增速。其他变量的描述统计见表 5 - 2，限于篇幅，不再赘述。

表 5 - 2　　　　　　　　　变量描述统计

变量	观察值	均值	最小值	最大值	变量	观察值	均值	最小值	最大值
center_ dum	2860	0.781	0	1	area	2857	9.340	7.358	11.408
center	2860	1.757	0	3	investment	2857	10.617	8.225	13.129
center_ other	2800	0.779	0	1	save	2845	10.762	8.663	13.554
indoutput	2841	0.190	−0.126	0.525	electricity	2668	1.254	−1.906	4.268

续表

变量	观察值	均值	最小值	最大值	变量	观察值	均值	最小值	最大值
$anti-corr$	628	3.656	1	19	$shipment$	2684	4.123	2.024	6.217
$indgrowth$	2838	0.057	-0.233	0.346	$roadmile$	2816	8.985	6.790	10.180
$indloan$	1670	-0.043	-0.926	2.185	$capability$	2857	0.062	0.023	0.150
$gdpgrowth$	2852	0.134	0.055	0.229	$structure$	2848	0.358	0.156	0.625
$deficit$	2857	0.085	-0.004	0.378	$college$	2740	3.320	0.276	6.530
$competition$	2720	0.111	0.001	1.000	$so2ind$	2690	3.727	0.262	5.692
$population$	2826	8.156	6.149	9.641	$gtpind$	2606	0.780	0.100	1.000

资料来源：笔者计算整理。

四 计量结果

1. 地方政府与产能扩张

本章使用经济增长（$gdpgrowth$）、财政压力（$deficit$）和辖区竞争（$competition$）表示地方政府的晋升激励，检验它们对产能增长（$ind-output$）和产能扩张（$indgrowth$ 和 $indloan$）的影响，实证结果如表5-3所示。很显然，GDP、财政压力和辖区竞争都可以显著提高工业产能，并且从显著性来看，GDP 的作用最明显，辖区竞争次之，财政压力的作用较弱。这表明官员会为了晋升去做大 GDP 和财政，并试图在地区锦标赛中脱颖而出，这导致了工业产能迅猛增长和过度扩张，验证了本章的假设1。这与许多文献的结论一致。Jie（2015）发现，部分官员会为了在晋升竞争中获益，可能作出牺牲群众利益以满足绩效考核的行为。Bai 等（2014）认为，中国实施的是偏向资本家和企业的特惠制度。郑世林（2016）发现，地方官员热衷于"跑项目""大办项目"和"拉项目"，而且政府一旦将某些产业列入重点规划或扶持产业，就会马上出现严重的过剩产能问题。Han 和 Kung（2015）甚至把工业增长比例作为地方政府努力程度的指标。

表 5 – 3　　　　　　　　　　　　地方政府与产能扩张

变量	(1) indoutput POLS	(2) indgrowth POLS	(3) indloan POLS	(4) indoutput FE	(5) indgrowth FE	(6) indloan FE
gdpgrowth	1.958 *** (0.089)	0.901 *** (0.094)	1.160 *** (0.414)	2.340 *** (0.161)	1.291 *** (0.174)	1.216 ** (0.511)
deficit	0.077 * (0.042)	0.082 * (0.042)	0.060 (0.343)	0.350 * (0.180)	0.337 * (0.184)	0.019 (0.591)
competition	0.035 *** (0.010)	0.034 *** (0.010)	0.072 *** (0.018)	0.007 (0.025)	0.059 ** (0.026)	0.211 *** (0.047)
population	0.014 ** (0.006)	0.014 ** (0.006)	0.052 * (0.028)	0.084 * (0.042)	0.084 * (0.042)	0.065 (0.497)
area	0.000 (0.004)	0.000 (0.004)	0.040 * (0.021)	0.027 (0.032)	0.023 (0.032)	0.320 (0.322)
investment	0.004 (0.004)	0.003 (0.005)	0.106 *** (0.026)	0.006 (0.015)	0.007 (0.015)	0.047 (0.074)
save	– 0.015 *** (0.006)	– 0.014 *** (0.006)	– 0.036 (0.028)	– 0.002 (0.033)	– 0.004 (0.032)	– 0.319 *** (0.098)
electricity	– 0.011 *** (0.003)	– 0.011 *** (0.003)	– 0.050 *** (0.014)	0.010 (0.007)	0.009 (0.007)	– 0.037 (0.034)
shipment	0.010 *** (0.003)	0.009 *** (0.003)	0.039 ** (0.019)	0.010 (0.007)	0.011 (0.007)	0.033 (0.073)
roadmile	0.001 (0.005)	0.001 (0.005)	0.006 (0.032)	0.029 ** (0.014)	0.030 ** (0.014)	0.392 *** (0.050)
capability	0.183 ** (0.091)	0.182 ** (0.090)	0.189 (0.581)	0.349 (0.303)	0.355 (0.300)	1.016 (1.555)
structure	– 0.146 *** (0.027)	– 0.150 *** (0.027)	– 0.013 (0.205)	– 0.689 *** (0.078)	– 0.684 *** (0.074)	– 0.007 (0.564)
cons	0.046 (0.040)	0.047 (0.040)	0.072 (0.229)	– 0.960 *** (0.333)	– 0.935 *** (0.328)	– 3.111 (3.281)
年份	否	否	否	是	是	是

续表

变量	(1)	(2)	(3)	(4)	(5)	(6)
	indoutput	*indgrowth*	*indloan*	*indoutput*	*indgrowth*	*indloan*
	POLS	POLS	POLS	FE	FE	FE
城市	否	否	否	是	是	是
N	2475	2475	1566	2475	2475	1566
R^2	0.542	0.403	0.203	0.367	0.189	0.072

注：括号中报告的是稳健标准误。"是"表示控制了相关变量。R 平方是调整后的 R 平方或者组内 R 平方。*、**、***分别表示10%、5%和1%的显著性水平。

资料来源：笔者利用 Stata 软件计算。

2. 审批改革对抑制产能的作用

前文主要检验了晋升激励对产能扩张的作用，证明了地方政府在工业产能方面是有较大自主能力的，工业产能的增长不仅是市场现象，也有政府干预的影响。那么，致力于削弱政府微观干预力量，规范政府行政行为的行政审批改革，是不是起到了"釜底抽薪"的抑制产能扩张的作用呢？下文将对此作出具体的实证检验。在此，本章强调的是产能的"过度"扩张（或者说"产能过剩"），所以不再使用产能增长变量（*indoutput*），而只使用产能扩张的两个变量（*indgrowth* 和 *indloan*），前者侧重体现产能超过了宏观经济可以容纳的市场需求，后者则强调产能的过度投资和过度生产能力，即过多的贷款进行了无效率的投入，设备利用率低。

回归结果如表 5 - 4 所示，可见是否设立审批中心（*center_ dum*）的系数显著为负，说明设立审批中心可以显著抑制产能扩张，达到"去产能"的目的，这验证了假设2。从经济显著性来看，审批中心的系数是第三产业占比（*structure*）的6%—36%，虽然不同的模型结果波动很大，但是即便是最小的6%也能表明，在抑制工业产能扩张方面，设立审批中心的作用相当于第三产业占比提高6个百分点，这已经是非常大的影响了。事实上，地方政府掌握着巨量的资源和财富（包括土地和矿产资源、货币印制和信贷投放等），并掌握着政策法规能否"可行""可操作""可落实"的关键通道，行政审批成为政府配置资

源的核心手段。杨其静等（2014）也发现，审批改革确实可以显著改变地方政府的行为方式，例如，2006 年中央出台了一项土地调控的政策，使得各地工业用地的协议出让比例从 2006 年的超过 96% 大幅下降为 2008 年之后的 20% 左右。

表 5 - 4　　　　　　　　　审批改革对抑制产能的作用

变量	(1) indgrowth POLS	(2) indgrowth FE	(3) indgrowth POLS	(4) indloan POLS	(5) indgrowth FE	(6) indloan FE
center_ dum	- 0.015 *** (0.005)	- 0.033 *** (0.008)	- 0.011 ** (0.005)	- 0.024 * (0.013)	- 0.032 *** (0.001)	- 0.062 * (0.037)
population			0.010 ** (0.005)	0.123 *** (0.027)	0.002 (0.031)	0.049 (0.526)
area			0.003 (0.004)	0.100 *** (0.019)	0.104 ** (0.047)	0.143 (0.896)
investment			0.007 (0.005)	0.037 (0.024)	0.040 ** (0.016)	0.075 (0.054)
save			- 0.029 *** (0.006)	- 0.012 (0.030)	- 0.020 (0.038)	- 0.098 (0.072)
electricity			- 0.009 *** (0.003)	- 0.029 * (0.015)	0.004 (0.007)	0.039 (0.029)
shipment			0.011 *** (0.004)	0.027 (0.020)	0.008 (0.007)	0.007 (0.065)
roadmile			0.004 (0.005)	0.155 *** (0.024)	0.018 (0.014)	0.059 (0.049)
capability			0.257 ** (0.102)	0.208 (0.591)	0.246 (0.242)	2.476 ** (1.072)
structure			- 0.186 *** (0.030)	- 0.066 *** (0.012)	- 0.465 *** (0.080)	- 0.410 ** (0.203)
cons	0.068 *** (0.004)	0.083 *** (0.006)	0.189 *** (0.037)	0.160 (0.200)	0.698 (0.451)	0.930 (6.964)
年份	否	否	否	否	是	是

续表

变量	（1） *indgrowth* POLS	（2） *indgrowth* FE	（3） *indgrowth* POLS	（4） *indloan* POLS	（5） *indgrowth* FE	（6） *indloan* FE
城市	否	是	否	否	是	是
N	2838	2838	2571	1639	2571	1639
R²	0.004	0.008	0.093	0.046	0.348	0.200

注：括号中报告的是稳健标准误。"是"表示控制了相关变量。R^2是调整后的 R 平方或者组内 R 平方。*、**、***分别表示10%、5%和1%的显著性水平。

资料来源：笔者利用 Stata 软件计算。

对于中国"产能过剩"的原因，社会上普遍存在市场失灵的假设，认为对进入具有规模经济的产业应当设限，因为自由准入可能导致不尽如人意的固定成本重复，审批可以防止企业过度涌入前景好的行业造成过剩（林毅夫等，2010）。然而，本章的实证结论与之相反，中国的管制不是限制准入而是无底线地鼓励进入，所以取消管制反而会降低产出。① 通过行政审批改革，斩断了政府插入市场、土地经营、招商引资的"有形之手"，放权给市场，让市场自由竞争，其结果是过剩产能减少。

3. 审批改革的局限性："效益型"审批应该加强

取消或下放审批事项的审批改革是否有一定局限性？当前审批改革以简政放权、发挥市场决定作用为导向，通过设立审批中心等组织机构逐步下放或取消审批事项，取得了一定成效，但也存在片面强调"做减法"的局限性。一方面，行政审批的自由裁量权过大，工商、税务、海关等部门都拥有"正当"理由对企业的日常经营横加干预，应该减少审批。另一方面，行政执法随意性大，环境保护、安全监管

---

① 艾琳等（2013）认为，地方政府往往利用行政审批来服务于企业和本地经济，行政权力充当交易主体进入市场，"包办审批""强制许可""特事特办""现场办公"等现象屡见不鲜。

不力①，违法行为得不到惩处，严重破坏了市场秩序，这些审批应该加强。因此，审批改革不能搞"一刀切"，在整体上减少审批事项的同时，也要在局部领域强化审批。

　　事实上，行政审批的各项职能对产能的影响可能有差异，投资审批、市场准入应该让渡给企业，但环保、安全生产等审批不能给企业，甚至不能下放给地方政府。如何认识审批改革局限性，如何检验强化环保等局部审批的政策效果，是"通过审批改革化解过剩产能"逻辑链条不能回避的一个问题。2012 年之后，新一届领导人加强了反腐，强化了问责机制，官员在环保、安全等审批上必然更加谨慎②，这就给本章的计量检验提供了良好的准实验，即各地通过反腐程度间接度量"效益型"审批的强化程度，并检验其对抑制产能扩张的作用，如果有正向作用，就证明了简单取消或下放审批事项的审批改革具有一定的局限性。

　　表 5 - 5 显示了产能扩张对反腐程度的回归结果。首先要说明的是，限于资料的可得性，本章只收集了 2010 年之后的反腐数据，而 2010 年之后的工业信贷（*indloan*）数据缺失严重，所以产能扩张的度量只使用了工业增长（*indgrowth*）这一个变量。样本期间虽短，但是刚好跨过了 2012 年之后新一届领导人的强力反腐临界点，样本期间的反腐数据有显著的外生性的跳跃性变化，保证了结果的准确性。回归结果显示，省内厅级以上官员落马数量（*anti_ corr*）越多，工业产能扩张越慢。也就是说，环保等"效益型"审批越强，越有利于抑制产能扩张、化解过剩产能，这验证了假设 3，即审批改革不能"一刀切"式地取消或下放，对于环保、安全等少数领域的审批要向上集权和加强。还有一个有意思的发现是，当加入经济增长（*gdpgrowth*）

────────

　　① 在实际操作中，受到已有市场力量扭曲等多种因素的制约，环境政策制定者往往并没有按照最优条件进行政策设计（Fowlie 等，2016）。环保监管在和地方经济发展的博弈中通常处于劣势，很多地方政府为了经济发展，往往会对污染企业"网开一面"。

　　② Zuo（2015）研究发现，地方党政领导干部考核越来越重视中央政府倡导的民生导向，环境保护、安全生产和节能减排等目标被纳入考核范围。Zheng 等（2014）使用中国地级市数据实证发现，环境质量的提升显著提高了官员晋升的可能性。

及其与反腐的交互项（$anti\_corr \times gdpgrowth$）时，交互项系数显著为
负，这表明：从反腐来看，反腐的作用与经济增长相关，经济增长越
快的城市反腐抑制产能过度扩张的作用越大；从经济增长来看，反腐
程度越深，经济增长带来的工业产能扩张越少，"产能过剩"压力越
小，表明反腐促进了各地有效益的增长。

表 5 - 5　　　　　　　　"效益型"审批对产能扩张的影响

变量	(1) indgrowth POLS	(2) indgrowth FE	(3) indgrowth POLS	(4) indgrowth FE	(5) indgrowth POLS	(6) indgrowth FE
anti_ çorr	- 0.006 *** (0.001)	- 0.008 ** (0.003)	- 0.004 *** (0.001)	- 0.001 ** (0.001)	- 0.005 (0.004)	- 0.012 *** (0.003)
population			0.053 *** (0.012)	0.045 (0.038)	0.027 *** (0.011)	0.091 ** (0.033)
area			0.010 (0.008)	0.028 (0.345)	0.006 (0.008)	0.178 (0.321)
investment			0.004 (0.010)	0.065 *** (0.017)	0.010 (0.009)	0.063 *** (0.022)
save			- 0.034 *** (0.011)	- 0.013 (0.046)	- 0.009 (0.011)	- 0.010 (0.042)
electricity			- 0.015 *** (0.005)	0.001 (0.011)	- 0.013 *** (0.004)	0.004 (0.011)
shipment			0.005 (0.006)	0.000 (0.010)	0.001 (0.006)	0.005 (0.021)
roadmile			0.016 (0.013)	0.033 (0.033)	0.008 (0.012)	0.030 (0.030)
capability			0.088 (0.166)	0.381 (0.617)	0.121 (0.153)	0.491 (0.656)
structure			- 0.010 (0.054)	- 0.463 * (0.255)	- 0.073 (0.048)	- 0.553 (0.335)
gdpgrowth					2.046 *** (0.201)	1.040 *** (0.207)

续表

变量	(1)	(2)	(3)	(4)	(5)	(6)
	indgrowth	*indgrowth*	*indgrowth*	*indgrowth*	*indgrowth*	*indgrowth*
	POLS	FE	POLS	FE	POLS	FE
anti_ corr × *gdpgrowth*					−0.060*	−0.090***
					(0.036)	(0.026)
cons	0.054***	0.063***	0.163*	0.712	−0.238***	0.059
	(0.005)	(0.012)	(0.085)	(3.755)	(0.086)	(3.366)
年份	否	否	否	是	否	是
城市	否	是	否	是	否	是
N	624	624	411	411	411	411
R^2	0.084	0.266	0.274	0.603	0.466	0.629

注：括号中报告的是稳健标准误。“是”表示控制了相关变量。R^2 是调整后的 R 平方或者组内 R 平方。*、**、***分别表示 10%、5% 和 1% 的显著性水平。

资料来源：笔者利用 Stata 软件计算。

五　稳健性检验

1. 审批改革的渐进性

设立审批中心作为本章的核心解释变量，存在一定的测量误差，会受到两方面的质疑：审批中心可以在多大程度上体现审批改革的程度？同样是审批中心，其实际落实的审批改革强度是否存在差异？在此需要说明的是，审批中心当然不能代表改革的全部，但它对审批改革的重要性也是不言而喻的，是改革的重要表现，可以体现审批改革的进展和各地差异性。为了弥补测量误差问题，本章借鉴渐进 DID 的思想，区分审批中心在落实中的差异性。

行政审批中心从 20 世纪八九十年代开始出现，到 2003 年和 2004 年达到高潮，截至 2013 年年底几乎全部地级市都设置了审批中心。

由于持续时间较长，且各地区的实际执行力度不同，为了更准确地识别审批改革的强度，需要辨别审批中心的实际差异性。本章结合审批中心的发展历史和职权范围，认为审批中心涉及三个层次：服务大厅、行政服务中心、政务服务中心。其中，服务大厅将少数审批事项集中到一个统一的窗口办理，只是地理上的便利；行政服务中心则涉及了审批权限的下放和集中，具有了相对具体的审批权限；政务服务中心则在行政服务中心的基础上进一步强化，加入了网上审批等服务。三个层次的审批中心能力和权限不断扩展，审批改革依次渐进①。所以，本章把审批中心虚拟变量重新设置为连续变量，$center = 0$，1，2，3，分别表示没有审批中心、服务大厅、行政服务中心、政务服务中心，以此体现各地审批改革的落实情况的差异性。

审批中心不是一次性设立后就不再变化，它是进一步深化改革的起点，因而需要进一步度量其时间连续性，是边际效应递减，还是随着新举措的不断出台而加强。为此，本章建立 $center\_t$ 变量，表示审批中心设立的时长，用来检验审批中心设立后对过剩产能的动态影响。简言之，$center\_dum$ 度量的是审批中心设立与否，$center$ 测度的是审批中心在各地的空间差异，$center\_t$ 则表示审批改革的时间动态性。

计量结果如表 5 – 6 所示。$center$ 度量了审批中心在空间上的差异，$center$ 越大表明审批中心的改革性越强。结果显示，审批改革越强，过剩产能的抑制性越大。$center\_t$ 测量了审批中心在时间上的动态变化，$center\_t$ 越大表明审批中心的设立时间越久。结果表明，中心设立时间越长，产能扩张的抑制性越强。这与"改革效果递减"的一般认识不同，本章发现，审批改革具有效果递增的特性，这说明审批中心的设立并不是审批改革的结束，而是在设立后还要不断深化改革。

---

① 需要指出的是，在本章样本期间之后，审批中心的职责进一步强化，2014 年 5 月天津滨海新区成立了全国首个行政审批局，18 个部门的 216 项审批职责全部划转到行政审批局，启用行政审批专用章，从而实现了"一颗印章管审批"。之后银川、南宁、南通、武汉、苏州等地也纷纷成立了审批局，实现了由审批中心的"单点多部门"到审批局的"单点单部门"的升级和强化。

表 5 - 6　　　　　　　　　　　审批改革的渐进性

变量	（1） indgrowth POLS	（2） indgrowth FE	（3） indgrowth POLS	（4） indloan POLS	（5） indgrowth FE	（6） indloan FE
center	- 0. 006 *** (0. 002)	- 0. 004 ** (0. 002)	- 0. 007 *** (0. 002)	- 0. 013 ** (0. 006)	- 0. 002 (0. 003)	- 0. 029 * (0. 021)
center_ t	- 0. 005 *** (0. 001)	- 0. 007 *** (0. 002)	- 0. 001 * (0. 001)	- 0. 003 (0. 005)	- 0. 002 ** (0. 001)	- 0. 030 ** (0. 015)
population			0. 009 * (0. 005)	0. 127 *** (0. 026)	0. 044 (0. 040)	0. 304 (0. 587)
area			0. 002 (0. 004)	0. 102 *** (0. 019)	0. 066 (0. 050)	0. 771 (0. 917)
investment			0. 007 (0. 005)	0. 036 (0. 024)	0. 016 (0. 014)	0. 049 (0. 055)
save			- 0. 027 *** (0. 006)	- 0. 007 (0. 030)	- 0. 071 *** (0. 024)	- 0. 200 ** (0. 092)
electricity			- 0. 010 *** (0. 003)	- 0. 030 ** (0. 015)	0. 005 (0. 007)	0. 032 (0. 029)
shipment			0. 011 *** (0. 004)	0. 027 (0. 020)	0. 012 (0. 008)	0. 008 (0. 079)
roadmile			0. 004 (0. 005)	0. 159 *** (0. 025)	0. 035 ** (0. 015)	0. 421 *** (0. 046)
capability			0. 264 ** (0. 103)	0. 151 (0. 604)	0. 068 (0. 258)	1. 172 (1. 323)
structure			- 0. 186 *** (0. 030)	- 0. 053 ** (0. 026)	- 0. 829 *** (0. 098)	- 0. 186 (0. 574)
cons	0. 068 *** (0. 004)	0. 098 *** (0. 009)	0. 178 *** (0. 037)	0. 142 (0. 205)	0. 300 (0. 534)	2. 837 (6. 430)
年份	否	否	否	否	是	是
城市	否	是	否	否	是	是
N	2838	2838	2571	1639	2571	1639
R^2	0. 024	0. 042	0. 093	0. 046	0. 096	0. 078

注：括号中报告的是稳健标准误。"是"表示控制了相关变量。R^2 是调整后的 R 平方或者组内 R 平方。 * 、 ** 、 *** 分别表示 10%、5% 和 1% 的显著性水平。

资料来源：笔者利用 Stata 软件计算。

2. 工具变量

一方面，产能扩张趋缓（产业结构转型升级）的地区可能会更加主动地设立审批中心，存在反向因果①。另一方面，政策具有强制性，但是实际执行却有很大弹性，审批中心的设立未必可以代表真实的审批改革情况，具有测量误差。这两个方面都会导致内生性问题。为此，本章使用工具变量（IV）的方法，以省内其他城市审批中心情况（*center_ other*）和城市居民教育水平（*college*）作为审批中心的两个工具变量。

基于辖区竞争、区际模仿和改革溢出效应等理论基础，本章借鉴Aghion 等（2015）的做法，使用周边城市改革情况作为审批中心（*center_ dum*）的一个 IV。而且，同一省份的政策要求、制度文化都相似，所属地级市都受到省级政府政策的影响，例如，安徽省于 2001年成立审批中心，安徽大多数地级市也于 2001 年相继成立了审批中心。朱旭峰和张友浪（2015）发现，地方政府创新具有扩散效应。因此，有理由相信省内其他城市设立审批中心的平均数直接影响了该城市审批中心的设立。同时，其他城市设立审批中心，并不直接影响该城市工业产能②，只能通过影响该城市审批中心来影响其产能。

中国城市居民受教育水平越高，他们追求自主经营、劳工保护和环保的意愿越强烈，对政治参与和官员问责的要求也越高。如近年来的 PX 系列事件就是这一趋势的体现。受教育水平较高的人，自身在政府、企业或社会组织中工作时，对审批改革和简政放权的落实程度更高；而作为社会公众的一分子，有更强的动力督促有关部门进行审批改革③。Zheng 等（2014）、Zheng 和 Kahn（2013）实证发现，公众

---

① 过剩产能严重的地区，可能会更加积极地总结过剩产能的原因而减少审批，设立审批中心。

② 其他城市设立审批中心会抑制所属企业的产能，考虑到投资设厂的固定成本很高，企业一般不会受此影响而搬迁，往往只是降低设备利用率。而即便有企业选择了搬迁，也未必搬到本城市。同时，考虑到投资周期较长，而本城市审批中心往往在其他城市审批中心设立前后较短时间就会设立，所以 *center_ other* =1 对本城市的溢出效应较小。

③ Greenstone 和 Hanna（2014）认为，政策成功与否在很大程度上取决于人们对此方面政策的社会需求，需求强度倒逼政策的执行程度，尤其是在正规制度相对落后的国家。

受教育水平决定着居民对环境污染的反应,可以显著提高地方政府对环境的关切。但是,受教育水平并不直接决定公众的择业,工业从业人员的受教育水平并不一定比服务业受教育水平低。所以,公众受教育水平可以影响审批改革,但不直接影响工业产能。

使用省内其他城市审批中心情况 (center_ other) 和城市居民受教育水平 (college) 作为审批中心 (center_ dum) 的 IV,回归结果如表 5-7所示。可以发现,不论是单独使用 center_ other 或 college 作为 IV,还是同时使用二者作为 IV,不论是对于工业增长 (indgrowth) 还是工业信贷 (indloan),IV 回归结果都显著支持了上文的判断,即审批改革可以抑制产能扩张、缓解过剩产能,证明了本章核心观点的稳健性。

表5-7　　　　　　审批中心工具变量的 2SLS 回归

变量	(1)	(2)	(3)	(4)	(5)	(6)
	indgrowth	indgrowth	indgrowth	indloan	indgrowth	indloan
IV	center_ other	college	二者	二者	二者	二者
center_ dum	-0.063***	-0.252***	-0.062***	-0.283***	-0.047**	-0.092
	(0.012)	(0.055)	(0.013)	(0.060)	(0.019)	(0.086)
population					0.011**	0.118***
					(0.006)	(0.027)
area					0.001	0.089***
					(0.004)	(0.021)
investment					0.010**	0.029
					(0.005)	(0.024)
save					-0.032***	-0.004
					(0.007)	(0.032)
electricity					-0.010***	-0.026*
					(0.003)	(0.015)
shipment					0.014***	0.020
					(0.004)	(0.023)

续表

变量	(1)	(2)	(3)	(4)	(5)	(6)
	indgrowth	indgrowth	indgrowth	indloan	indgrowth	indloan
IV	center_ other	college	二者	二者	二者	二者
roadmile					0.010 *	0.145 ***
					(0.006)	(0.027)
capability					0.260 **	0.138
					(0.115)	(0.670)
structure					−0.199 ***	−0.123
					(0.034)	(0.220)
cons	0.106 ***	0.254 ***	0.104 ***	−0.248 ***	0.176 ***	0.042
	(0.010)	(0.044)	(0.010)	(0.044)	(0.040)	(0.230)
N	2784	2724	2671	1574	2441	1549
R²	0.002	0.004	0.005	0.004	0.068	0.041

注:括号中报告的是稳健标准误。R^2 是调整后的 R 平方。*、**、*** 分别表示 10%、5% 和 1% 的显著性水平。

资料来源:笔者利用 Stata 软件计算。

3. 研究拓展:不作为还是适度有为

2012 年中央反腐力度提升,强化了对地方政府环保等"效益型"审批的问责,为检验"审批在某些环节是有价值的,不能取消或下放"提供了准实验,可以较好地验证当前审批改革的局限性。

然而,对上文中"反腐抑制产能扩张"的计量检验可能存在两种解释:①反腐败导致官员不作为,弱化了地方政府的审批积极性,而根据假设 1 和假设 2,过剩产能自然会相应减少;②反腐败导致官员适度有为,强化了地方政府的"效益型"审批,而根据假设 3,产能扩张因此得以抑制。为了准确验证审批改革局限性的存在,应该排除第一种解释,强化第二种解释。前文借交互项的分析已经间接支持了第二种解释,在此通过政府在环境处理方面的表现,作出更为直接的检验。将工业二氧化硫排放(so_2ind)和固体废弃物利用率($gtpind$)

分别作为被解释变量[1]，反腐败程度作为解释变量，观察反腐对政府行为的影响。如果官员不作为了，那么环保方面应该也是不作为的，验证第一种解释；如果官员适度有为了，那么环保方面也应该加强了，验证第二种解释。

回归结果如表5-8所示，反腐败程度显著降低了工业二氧化硫的排放，并显著提高了固体废弃物利用率，直接证明了反腐促进政府更加注重发展质量。这表明，反腐让地方官员以及企业不敢乱作为，环保安全等审批要求提高了，更侧重经济效益。结合前文对审批局限性的实证，反腐的影响可以归结为：一方面，审批伴随的灰色收入降低、违法容忍度下降；另一方面，环保、安全、上访等问责加重。前者导致官员不作为（政府对企业的干预减少），后者则说明官员对效益增长的激励提升了。综上所述，反腐条件下，地方官员的追求由数量转向质量增长，这对于"为官不为"也是一种正向解读。因此，既要通过审批改革限制政府对微观企业的干预，又要通过反腐、绿色发展激励等进一步强化官员对于环保、安全等"效益型"审批的重视和落实。

表 5 - 8　　　　　　　　　　官员不作为还是适度有为

变量	(1)	(2)	(3)	(4)	(5)	(6)
	so_2ind	so_2ind	so_2ind	so_2ind	$gtpind$	$gtpind$
	POLS	FE	POLS	FE	POLS	FE
$anti\_corr$	- 0.032 *	- 0.002 **	- 0.082 ***	- 0.003	0.008 ***	0.005 **
	(0.018)	(0.001)	(0.020)	(0.010)	(0.001)	(0.002)
$population$			0.342 ***	0.850 **	0.053	0.033
			(0.130)	(0.332)	(0.039)	(0.088)
$area$			0.188 **	1.912	- 0.140 ***	- 0.759
			(0.086)	(1.153)	(0.026)	(0.556)

---

[1]　环境处理虽然是企业行为，但在很大程度上取决于制度规则和当地政府意志。例如，Yee 等（2016）基于对广东珠三角地区的港资企业的调查和访谈，发现这些企业采取基本的或者积极主动的环境管理措施并非因为担心法律追责，而是与他们所感知到的监管者的行为与姿态有关。

续表

变量	(1) so_2ind FE	(2) so_2ind POLS	(3) so_2ind FE	(4) so_2ind POLS	(5) $gtpind$ FE	(6) $gtpind$ POLS
investment			0.154* (0.088)	0.113 (0.314)	0.023 (0.026)	-0.085 (0.090)
save			0.087 (0.112)	0.203 (0.352)	0.034 (0.032)	-0.712* (0.410)
electricity			0.402*** (0.056)	0.064 (0.084)	-0.040** (0.017)	-0.064** (0.027)
shipment			0.316*** (0.063)	0.073 (0.360)	-0.010 (0.019)	0.069 (0.047)
roadmile			0.153 (0.163)	-0.880*** (0.294)	0.067* (0.038)	0.178 (0.175)
capability			0.034 (1.877)	0.188 (6.905)	-1.038** (0.449)	-6.496** (2.892)
structure			-1.105** (0.530)	0.053 (1.338)	0.012 (0.162)	-1.596 (1.434)
cons	3.843*** (0.063)	3.767*** (0.013)	1.116 (0.732)	13.955 (13.809)	0.604*** (0.202)	14.763*** (4.190)
年份	否	否	否	是	否	是
城市	否	是	否	是	否	是
N	484	484	382	382	366	366
R^2	0.007	0.001	0.458	0.082	0.232	0.168

注：括号中报告的是稳健标准误。"是"表示控制了相关变量。R^2 是调整后的 R 平方或者组内 R 平方。*、**、*** 分别表示 10%、5% 和 1% 的显著性水平。

资料来源：笔者利用 Stata 软件计算。

六　结论与政策含义

地方政府的晋升激励是中国经济高速增长的制度基础，使钢铁、

水泥等主要工业品生产能力呈几何式增长；而其负面影响是产能过度扩张。为此，本章从行政审批角度理解地方政府在产能扩张中的作用和方式，为"去产能"提供理论支撑和对策建议。

行政审批是政府干预微观活动的主要方式，审批使得政府获得了推动产能增长的"合法性"的自由裁量权，企业的进入和产量的多寡都成了政府可以"规划"和"控制"的方面。因此，审批也就成了追求晋升而扩大产能的主要机制，一些地方官员倾向于用行政权力代替市场机制，用政府决策代替市场博弈。简言之，本章就是在晋升激励导致产能快速扩张的逻辑下，检验审批改革的作用及限度。主要的研究结论为：地方政府会在晋升激励下凭借审批权推动产能扩张；行政审批改革减少、下放、集中了审批事项，从而降低了政府对企业的微观干预，这有助于抑制产能扩张；审批改革存在局限性，不能一放了之，环保等少数"效益型"审批应加强。

本章认为，现有政策存在一定误区，审批改革和市场化方式才是"去产能"的有效途径，要向微观主体让渡资源配置权。以"潮涌"现象、进入门槛低等解释过剩产能的形成机理并不完全适用于中国，若政策部门以此为依据，将对投资和市场准入的行政管制作为"去产能"的政策核心，得到的结果很可能南辕北辙。本章建议，从行政审批改革入手，由过去以"速度型"审批为主且忽视环保、安全等社会成本转变为总体上减少审批并加强部分"效益型"审批，这样既可以通过减少政府微观干预抑制产能过度增长，又可以通过环保、安全等高标准排斥一些低质量企业或项目的进入，从两个层面上"去产能"。

首先，从审批入手规范政府行为，把市场从审批经济中解放出来。目前以设立审批中心、取消或下放审批权为代表的审批改革的具体落实效果并不理想，甚至部分地区的审批权力有增无减，要进一步加大取消或下放审批事项的力度，制定审批清单和负面清单。转变、创新政府的干预方式，由直接干预企业投资转变为间接的市场引导。地方政府不应过多干预市场行为，更不能代替企业去经营项目。土地、信贷、补贴、税收等行政资源不应随意使用，而是要依照市场规则去引导市场。

其次，将环保、重大安全事故和司法干预等作为晋升考核和问责

的重要内容①，引导地方官员在恰当的领域适度有为。对环保、安全
生产等少数领域进行垂直管理和审批权上移，尤其不能为了短期增长
而放松环评、能评等审批，避免低端投资流入已过剩行业。事实上，
环保、安全等规制可能对企业有利，不要过于担心因规制而影响企业
积极性，因为这些规制有助于阻止市场潜在进入者，从而巩固在位者
的市场地位（Espínola – Arredondo、Muňoz – García，2016），使企业
受益。

最后，"去产能"标准要以产品质量、环保和安全为依据，并鼓
励高效企业兼并低效企业。不能简单地认为规模小的企业产能更为落
后，要综合考虑企业的规模、产品结构、利润率等因素，让自生能力
强的企业兼并其他企业。如此一来，既可以清理"僵尸企业"，又可
以让存活下来的企业更加高效。

特别需要说明的是，审批改革的目的不是限制产能的增长，而是
放开政府规制，让企业根据市场需求灵活调整生产决策，使产能是有
市场的而不是过剩的。这样既可以"去产能"，又可以满足人们日益
增长的物质文化需要，提高资源配置效率。

参考文献

［1］ 艾琳、王刚、张卫清：《由集中审批到集成服务——行政审批制
度改革的路径选择与政务服务中心的发展趋势》，《中国行政管
理》2013 年第 4 期。

［2］ 党力、杨瑞龙、杨继东：《反腐败与企业创新：基于政治关联的
解释》，《中国工业经济》2015 年第 7 期。

［3］ 董敏杰、梁泳梅、张其仔：《中国工业产能利用率：行业比较，
地区差距及影响因素》，《经济研究》2015 年第 1 期。

［4］ 王文甫、明娟、岳超云：《企业规模——地方政府干预与产能过

---

① 长期以来，行政审批制度改革存在两个困境：一是无法限制政府的自我授权；二是
无法斩断权力与资本的两性相吸。因此，必须从官员的晋升激励上入手，改变官员的行为
模式。

剩》,《管理世界》2014 年第 10 期。

[5] 韩国高、高铁梅、王立国、齐鹰飞、王晓姝:《中国制造业产能
过剩的测度、波动及成因研究》,《经济研究》2011 年第 12 期。

[6] 何青、张策、田昕明:《中国工业企业无利润扩张之谜》,《经济
理论与经济管理》2016 年第 7 期。

[7] 江飞涛、曹建海:《市场失灵还是体制扭曲? ——重复建设形成
机理研究中的争论、缺陷与新的进展》,《中国工业经济》2009
年第 1 期。

[8] 江飞涛、耿强、吕大国、李晓萍:《地区竞争、体制扭曲与产能
过剩的形成机理》,《中国工业经济》2012 年第 6 期。

[9] 林毅夫:《潮涌现象与发展中国家宏观经济理论的重新构建》,
《经济研究》2007 年第 1 期。

[10] 林毅夫、巫和懋、邢亦青:《"潮涌现象"与产能过剩的形成机
制》,《经济研究》2010 年第 10 期。

[11] 聂辉华、蒋敏杰:《政企合谋与矿难:来自中国省级面板数据
的证据》,《经济研究》2011 年第 6 期。

[12] 谭劲松、简宇寅、陈颖:《政府干预与不良贷款——以某国有商
业银行 1988—2005 年的数据为例》,《管理世界》2012 年第 7 期。

[13] 陶然、袁飞、曹广忠:《区域竞争、土地出让与地方财政效应:
基于 1999—2003 年中国地级城市面板数据的分析》,《世界经
济》2007 年第 10 期。

[14] 王立国、张日旭:《财政分权背景下的产能过剩问题研究——基
于钢铁行业的实证分析》,《财经问题研究》2010 年第 12 期。

[15] 吴群、李永乐:《财政分权、地方政府竞争与土地财政》,《财
贸经济》2010 年第 7 期。

[16] 薛白:《财政分权、政府竞争与土地价格结构性偏离》,《财经
科学》2011 年第 3 期。

[17] 杨蕙馨:《中国企业的进入退出:1985—2000 年汽车与电冰箱
产业的案例研究》,《中国工业经济》2004 年第 3 期。

[18] 杨其静、卓品、杨继东:《工业用地出让与引资质量底线竞

争——基于 2007—2011 年中国地级市面板数据的经验研究》，
《管理世界》2014 年第 11 期。

［19］姚洋：《中性政府：对转型期中国经济成功的一个解释》，《经
济评论》2009 年第 3 期。

［20］郑世林：《中国政府经济治理的项目体制研究》，《中国软科学》
2016 年第 2 期。

［21］钟春平、潘黎：《"产能过剩"的误区——产能利用率及产能过
剩的进展、争议及现实判断》，《经济学动态》2014 年第 3 期。

［22］周黎安：《晋升博弈中政府官员的激励与合作——兼论我国地方
保护主义和重复建设问题长期存在的原因》，《经济研究》2004
年第 6 期。

［23］朱旭峰、张友浪：《创新与扩散：新型行政审批制度在中国城
市的兴起》，《管理世界》2015 年第 10 期。

［24］Acemoglu, D., García – Jimeno C. and Robinson J. A., "State Ca-
pacity and Economic Development：A Network Approach", *American
Economic Review*, 2015, 105 (8)：2364 – 2409.

［25］Aghion, P., Akcigit, U., Bergeaud, A., Blundell, R. and
Hémous, D., "Innovation and Top Income Inequality", *NBER
Working Paper*, 2015.

［26］Agrawal, D. R., "Local Fiscal Competition：An Application to
Sales Taxation with Multiple Federations", *Journal of Urban Econom-
ics*, 2016, 91：122 – 138.

［27］Bai, C., Li D., Tao Z. and Wang Y. "A Multitask Theory of State
Enterprise Reform", *Journal of Comparative Economics*, 2000, 28
(4)：716 – 738.

［28］Bai, C., Hsieh C., Song Z., "Crony Capitalism with Chinese
Characteristics", *Working Paper*, 2014.

［29］Barro, R. J., "Economic Growth and Convergence, Applied Espe-
cially to China", *NBER Working Paper*, 2016.

［30］Benoit, J. and Krishna V., "Dynamic Duopoly：Prices and Quanti-

ties", *Review of Economic Studies*, 1987, 54 (1): 23 – 35.

[31] Espínola – Arredondo A. , Muñoz – García F. , "Profit – enhancing Environmental Policy: Uninformed Regulation in an Entry – deterrence Model", *Journal of Regulatory Economics*, 2016: 1 – 18.

[32] Fan, J. P. , Morck R. , Huang J. and Yeung B. Y. , "Institutional Determinants of Vertical Integration: Evidence from China", *AFA* 2008 *New Orleans Meetings Paper*, 2007.

[33] Fowlie, M. , Reguant M. , Ryan S. P. , "Market – based Emissions Regulation and Industry Dynamics", *Journal of Political Economy*, 2016, 124 (1): 249 – 302.

[34] Greenstone, M. and Hanna R. , "Environmental Regulations, Air and Water Pollution, and Infant Mortality in India", *American Economic Review*, 2014, 104 (10): 3038 – 72.

[35] Han, L. , and Kung K. S. , "Fiscal Incentives and Policy Choices of Local Governments: Evidence from China", *Journal of Development Economics*, 2015, 116: 89 – 104.

[36] Harrison, A. , Hyman B. , Martin L. and Nataraj S. , "When do Firms Go Green?", *NBER Working Paper*, 2015.

[37] Jie, G. , "Pernicious Manipulation of Performance Measures in China's Cadre Evaluation System", *The China Quarterly*, 2015, 223: 618 – 637.

[38] Jin, H. , Qian Y. and Weingast B. , "Regional Decentralization and Fiscal Incentive: Federalism Chinese Style", *Journal of Public Economics*, 2005, 89 (9 – 10): 1719 – 1742.

[39] Li, H. and Zhou L. A. , "Political Turnover and Economic Performance: The Incentive Role of Personnel Control in China", *Journal of Public Economics*, 2005, 89 (9 – 10): 1743 – 1762.

[40] Olley, G. S. , and Pakes A. , "The Dynamics of Productivity in the Telecommunications Equipment Industry", *Econometrica*, 1996, 64 (6): 1263 – 1297.

[41] Qian, Y. and Weingast B. , "Federalism as a Commitment to Preserving Market Incentives", *Journal of Economic Perspectives*, 1997, 11: 83 – 92.

[42] Rothstein, B. , "The Chinese Paradox of High Growth and Low Quality of Government: The Cadre Organization Meets Max Weber", *Governance*, 2015, 28 (4): 533 – 548.

[43] Rubashkina, Y. , Galeotti M. and Verdolini E. , "Environmental Regulation and Competitiveness: Empirical Evidence on the Porter Hypothesis from European Manufacturing Sectors", *Energy Policy*, 2015, 83: 288 – 300.

[44] Yee, W. H. , Tang S. Y. and Lo C. W. H. , "Regulatory Compliance When the Rule of Law is Weak: Evidence from China's Environmental Reform", *Journal of Public Administration Research & Theory*, 2016, 26 (1): 95 – 112.

[45] Zheng, S. , Kahn M. E. , Sun W. and Luo D. , "Incentives for China's Urban Mayors to Mitigate Pollution Externalities: The Role of the Central Government and Public Environmentalism", *Regional Science and Urban Economics*, 2014, 47: 61 – 71.

[46] Zheng, S. and Kahn M. E. , "Understanding China's Urban Pollution Dynamics", *Journal of Economic Literature*, 2013, 51 (3): 731 – 772.

[47] Zhu, X. and Zhang Y. , "Political Mobility and Dynamic Diffusion of Innovation: The Spread of Municipal Pro – business Administrative Reform in China", *Journal of Public Administration Research and Theory*, 2016, 26 (3): 535 – 551.

[48] Zuo, C. V. , "Promoting City Leaders: The Structure of Political Incentives in China", *The China Quarterly*, 2015, 224: 955 – 984.

第六章 是否存在着"产能过剩"的标准[*]
——产能利用率的再考察

  本章采用的是1986年1月至2016年3月期间美联储统计的美国18个行业产能利用率数据、各行业生产者价格指数以及美国消费者价格指数（CPI）、生产者价格指数（PPI）、核心CPI（剔除食品与能源的最终产品）、核心PPI（剔除食品与能源的最终产品）、美元实际汇率月度数据、美国能源信息管理局（EIA）发布的原油价格月度数据。首先，分别对各行业生产者价格指数（PPI）与18个行业的产能利用率进行回归，结果发现18个行业的稳态通胀—产能利用率阈值有很大不同，只有很少行业超过85%，大部分行业均小于80%。其次，加入供给层面的影响因素（原油价格、美元实际汇率），回归的结果更加显著，但是大部分行业的阈值仍然小于80%，食品行业甚至出现了负值，非金属矿产品行业的稳态阈值超过100%。最后，分别对制造业产能利用率、工业产能利用率与CPI、PPI以及核心CPI、核心PPI进行回归，结果表明制造业、工业与CPI、PPI回归的稳态阈值大于与核心CPI、核心PPI回归的稳态阈值，但是都小于82%，甚至小于50%，并且供给层面的因素对于稳态阈值的影响很小。通过分段线性回归模型、LRT检验和Bootstrap重抽样法进行阈值效应分析，结果说明，在阈值两侧两变量之间出现了截然不同的两种作用方向。整体而言，我们不能再接受这个命题，即稳态通胀—产能利用率阈值为82%，并且产能利用率不再是通胀变化的可信指示器。

---

[*] 本章与瞿乃森合作完成。

一 引言

产能利用率时常被用作通货膨胀的预警指标，并且，通常的观点认为其阈值是82%。也就是说，当产能利用率高于82%时，通货膨胀的压力上升。在宏观经济的校准中，通常设定产能利用率阈值是固定以及稳定的。在国内，特别是一些政府部门，也将82%作为产能利用率的国际标准值。当产能利用率低于82%时，则认为存在着"产能过剩"问题，时常会出台一些政策予以化解。因而，判断是否真的存在产能利用率的国际"标准水平"或"阈值"就显得非常关键了。

从理论的角度来看，如果菲利普斯曲线仍然成立，那么通胀压力与产能利用率之间的关系可能就是稳定的，82%的阈值水平有可能适合：产能是在短期内最大的产出，所以产能上升势必会引起需求的上升，通胀的压力也将上升。同时，产能利用率的下降也意味着需求的下降，或者供给的下降也将使价格出现下行趋势。假如产出—通胀的关系存在的话，产能利用率就是通胀的指示器。

美联储收集并计算产能利用率的数据已经有很长时间，得到了大量的数据样本，因而可以很好地用来验证产能利用率是否存在阈值，也可以检验理论层面的菲利普斯曲线是否成立，并进一步探测产能利用率能否恰当地预测通胀。

本章基于数据的可得性，使用美国的工业数据计算阈值是否是82%。许多文章都曾研究从20世纪70年代到90年代的稳态产能利用率，但并没有将每个行业都纳入研究范围。随着美国经济环境的变化、技术的创新、生产率的提高，甚至金融危机的影响，稳态的通胀—产能利用率是否还是82%？本章将循着前人研究的脚步，使用更大时间间隔、更多行业的数据，继续研究稳态通胀—产能利用率。

大多数理论研究的都是影响通胀的因素，菲利普斯曲线也因此得到了很多关注。菲利普斯曲线是关于失业率对其自然水平的偏离如何影响通胀变化的理论。处于自然失业率水平时，在没有其他影响因素

的条件下，通胀将处于稳态。虽然大多数研究者只关注失业率的影响，但实际上，除了失业率，产能利用率也影响着通胀的水平。McElhattan（1978）首先发现了失业率与产能利用率之间紧密的历史性关系。就像失业率一样，通胀—产能利用率也存在一个稳定值。当产能利用率高于它的稳定值时，通胀率将会上升；反之，通胀率将会下降；当处于稳定值时，通胀不会改变。1985 年，他将供给侧的因素加入到模型之中，计算得到稳定的通胀—产能利用率值为 82%，并发现，相比失业率，产能利用率是更显著的通胀信号。后期的很多研究也赞成这一说法。

二 数据以及描述性统计

1. 数据来源

美联储持续收集并公布了美国 18 个行业产能利用率，同时，美国劳工统计局收集并公布了美国 18 个行业的生产者价格指数、美国消费者价格指数（CPI）、生产者价格指数（PPI）、核心 CPI（剔除食品与能源的最终产品）、核心 PPI（剔除食品与能源的最终产品）。我们也可以获得美元实际汇率月度数据以及美国能源信息管理局（EIA）发布的原油价格月度数据。

2. 描述性统计

美联储的统计数据显示，钢铁行业在 1973 年第四季度至 1974 年第三季度产能利用率超过 100%；计算机及外用设备行业在 2009 年第四季度至 2010 年第一季度的产能利用率超过 100%。这些超常数值的出现说明机器超负荷运转、过度折旧。从偏度结果看，除计算机及外用设备，食品、饮料和香烟，电力、煤气公用事业行业为正值以外，其他行业都为负值，说明在 1972—2016 年大部分行业的产能利用率数据都存在左偏现象，并且大部分行业的产能利用率平均值都在 80% 左右，所以表现为大多数年份的数据都小于 80%。对各行业进行假设检验，可以看出，在 5% 显著性水平下，除电子设备、器械和元件行

业，食品、饮料和香烟行业，塑料及橡胶制品行业之外，其他行业都
拒绝产能利用率稳态均值为 82% 的原假设，检验是统计显著的（见
图 6-1、表 6-1）。

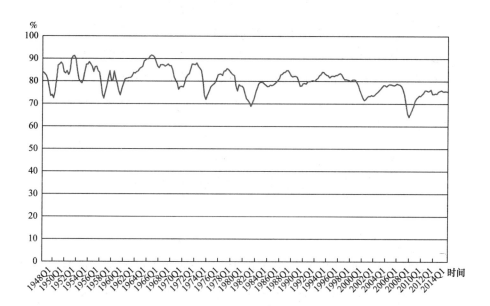

图 6-1　1948 年第一季度至 2015 年第四季度美国

制造业产能利用率时间序列

表 6-1　　　　1972 年第一季度至 2016 年第一季度美国主要

行业产能利用率的描述性统计

行业	平均数 （%）	最大值 （%）	最小值 （%）	标准差	偏度	峰度	离散系数	T 值
制造业	78.3	88.3	63.8	4.66	-0.42	0.15	0.0595	-10.4
耐用品制造	76.9	89.34	58.98	5.43	-0.53	0.66	0.0706	-12.4
木材产品	76.3	93.76	49.35	8.50	-0.95	0.84	0.1114	-8.8
非金属矿产品	73.9	88.07	45.47	9.71	-1.14	0.71	0.1314	-11.0
原料金属	78.8	98.59	49.65	9.37	-0.58	0.56	0.1189	-4.5

续表

行业	平均数 （%）	最大值 （%）	最小值 （%）	标准差	偏度	峰度	离散系数	T值
钢铁行业	80.1	104.63	39.76	12.30	-0.88	0.72	0.1535	-2.08
焊接金属产品	77.6	91.24	61.94	5.62	-0.32	0.54	0.0724	-10.3
机械	77.6	94.36	56.89	7.67	-0.26	-0.04	0.0988	-7.6
电子设备、 器械和元件	82.6	98.72	65.72	6.52	-0.25	0.02	0.0789	1.24
运输设备	74.6	87.05	51.31	6.28	-1.03	1.62	0.0842	-15.5
家具和相关产品	76.5	96.42	56.44	7.26	-0.08	1.03	0.0950	-9.9
其他	76.4	82.5	65.46	3.11	-0.72	0.67	0.0407	-23.9
非耐用品制造	80.3	87.07	69.55	4.05	-0.38	-0.69	0.0504	-5.5
食品、饮料 和香烟	82.2	89.05	77.22	2.43	0.36	-0.27	0.0296	1.1
纺织品	79.5	95.56	57.40	9.02	-0.54	-0.52	0.1135	-3.6
服装和皮革制品	76.7	86.77	58.77	6.46	-0.83	0.21	0.0842	-10.8
造纸	86.6	98.53	75.11	4.38	-0.04	-0.12	0.0506	13.8
印刷及相关行业	79.6	95.95	59.31	8.94	-0.73	-0.37	0.1167	-3.6
石油和煤	85.4	96.25	68.89	5.77	-0.58	0.06	0.0676	7.75
化学制品	77.1	86.22	66.15	4.57	-0.18	-0.86	0.0593	-14.2
塑料及橡胶制品	82.0	95.22	58.69	7.09	-0.74	0.39	0.0865	0.02
其他制造业	81.9	91.43	61.43	7.72	-1.09	0.21	0.0943	-1.87
采矿业	87.2	93.50	75.16	3.86	-0.89	0.58	0.0443	18.1
电力、煤气 公用事业	85.7	95.98	75.27	4.53	0.21	-0.22	0.0528	10.9
计算机及外用设备	77.6	104.29	60.55	7.09	0.59	1.38	0.0914	-8.3
通信设备	76.5	93.10	42.22	10.99	-1.32	1.50	0.1437	-6.6
半导体及相关设备	79.3	94.01	60.37	7.93	-0.42	-0.56	0.1000	-4.5
除高新技术行业 外的制造业	78.8	88.19	66.09	4.39	-0.31	-0.15	0.0557	-9.6

续表

行业	平均数 （%）	最大值 （%）	最小值 （%）	标准差	偏度	峰度	离散系数	T值
未加工行业	86.2	92.75	76.34	3.31	-0.78	0.41	0.0383	17.1
初级加工行业	80.6	92.38	64.15	5.37	-0.46	0.18	0.0666	-3.5
精巧加工行业	76.9	83.58	67.04	3.52	-0.35	-0.34	0.0457	-19.1

资料来源：美联储网站公布的统计数据：G. 17 – Industrial Production and Capacity Utilization for March 16, 2016。

三　计量结果分析

1. 实证方法

选择 McElhttan（1978）所用的模型：

$$DIR_t = IR_t - IR_{t-1} = b_0 + b_1 CU_t + k\ (Z)_t$$

IR_t 代表 t 时刻的通胀水平；CU_t 代表 t 时刻的产能利用率；$k\ (Z)_t$ 是供给侧影响通胀的变量；b_0、b_1 是各自的常数项。

我们首先分析美国 18 个行业产能利用率对通胀水平的影响。这些行业分别为：油气开采业（211），采矿业（212），公共事业（221），食品行业（311），木材行业（321），造纸行业（322），印刷行业（323），石油、煤产品行业（324），化学制品行业（325），塑料行业（326），非金属矿产品行业（327），原料金属行业（331），焊接金属产品行业（332），机械行业（333），计算机及其电子产品行业（334），电力设备行业（335），运输行业（336），家具行业（337）。自变量是 18 个行业的产能利用率，因变量是通胀水平，这里我们选择 PPI 来表示，因为 PPI 是通胀变化很好的指示器。除了产能利用率，自变量还包括原油相对价格的加速、实际汇率的加速，这些自变量可以从供给侧影响通胀水平。产能利用率、实际汇率的数据来自美联储官方网站，从美国劳工统计

局获取 PPI 的数据，从美国能源信息管理局获取原油价格数据。本书采用月度数据，限于数据的可得性，部分行业从 1986 年 1 月至 2016 年 3 月为研究时段。

2. 行业层面的实证结果

首先对 18 个行业的产能利用率数据与各个行业的通货膨胀率进行回归，得到各行业稳态通胀—产能利用率阈值，其次再加入影响价格水平的供给层面的影响因素进行进一步回归，最后得到各行业的稳态通胀—产能利用率阈值（CU_e）。

表 6 - 2 显示了油气开采业、采矿业、公共事业、食品行业、木材行业、造纸行业这六个行业的产能利用率与各自的行业通货膨胀率回归的结果，包括拟合优度、常数项，及在此基础上所得到的产能利用率阈值。油气开采业与采矿业的阈值都超过了 82%，公共事业处在 82% 以下。在未加入供给影响因素前，行业通胀与行业的产能利用率回归得到结果拟合优度都不是很好，加入原油价格与美元实际汇率因素后，回归拟合度 R^2 大大提高，除公共事业阈值上升以外，其他两个行业的阈值都有所减小。特别需要注意的是，在选取的数据时间段内，油气开采业的通胀与产能利用率并没有出现前期研究所得到的正向关系，而是出现反向变化，可能是行业本身的特点决定了行业特征，也有可能与本书选取的时间段有关系。油气开采业通货膨胀率受到其他宏观经济因素的影响，导致与产能利用率呈现反向关系。对食品行业、木材行业、造纸行业的产能利用率与各自的行业通货膨胀率回归的结果显示，木材行业的阈值达到了 93%，并且回归的拟合优度也随着供给侧因素的加入而提高；回归系数为负值，说明木材行业的通货膨胀率与产能利用率是反向的关系，并且系数绝对值均超过 1，意味着木材行业的通胀受产能利用率的影响很大，在加入供给侧因素后，系数的绝对值变大，表明供给侧因素在一定程度上增强了产能利用率对于通货膨胀的作用。但是木材行业的结果仍与先前的研究结论不符。

表6-2　行业通货膨胀率与行业产能利用率回归结果（美国行业数据）（一）

行业	油气开采业（211）		采矿业（212）		公共事业（221）	
常数项	4.31	0.13	1.263	-0.25	-2.48	-3.43
CU	-4.40	-0.14	-1.264	0.75	3.15	4.2
R^2	0.006	0.20	0.001	0.04	0.007	0.16
CU_e	0.97	0.92	0.99	0.30	0.78	0.81
行业	食品行业（311）		木材行业（321）		造纸行业（322）	
常数项	-1.49	0.11	3.43	5.12	-2.44	-1.35
CU	2.17	0.18	-3.69	-5.63	3.11	1.81
R^2	0.004	0.15	0.002	0.04	0.005	0.15
CU_e	0.68	-0.61	0.93	0.91	0.78	0.74

资料来源：美联储网站公布的统计数据：G.17 - Industrial Production and Capacity Utilization for March 16, 2016。

表6-3显示了印刷行业、石油与煤产品行业、化学制品行业、塑料行业、非金属矿产品行业、原料金属行业六个行业的产能利用率与各自的行业通货膨胀率回归的结果。可以看出，除非金属矿产品行业外，产能利用率与通货膨胀呈现正向的联动关系。但是从得到的稳态通胀—产能利用率来看，仍然远远达不到82%的前期研究结果，最高的是石油与煤产品行业的80%。并且从回归系数看，印刷行业通货膨胀率受到其产业自身产能利用率影响程度较小，可能与产业自身特征有关，受其他因素影响要高于产能利用率的变化。石油与煤产品行业、化学制品行业的通货膨胀率受到其行业自身产能利用率影响均较大。从塑料行业、非金属矿产品行业、原料金属行业三个行业的产能利用率与各自的行业通货膨胀率回归的结果可以看出，对于塑料行业和原料金属行业来说，在加入供给侧因素后，产能利用率阈值都出现了上升的趋势；对于非金属矿产品行业来说，其回归系数为负值，而且通胀受到产能利用率的影响很小。特别是，非金属矿产品行业的稳态通胀—产能利用率阈值超过了100%，说明非金属矿产品行业处于满负荷工作状态，矿产品供不应求。这个结果可能是由20世纪70年

代美国的高通胀率与滞胀并存导致的。

表6-3 行业通货膨胀率与行业产能利用率回归结果（美国行业数据）（二）

行业	印刷行业（323）		石油与煤产品行业（324）		化学制品行业（325）	
常数项	-0.52	-0.36	-2.09	-2.5	-2.7	-2.32
CU	0.96	0.78	2.67	3.11	3.7	3.27
R^2	0.003	0.02	0.005	0.16	0.01	0.16
CU_e	0.54	0.46	0.78	0.80	0.73	0.71
行业	塑料行业（326）		非金属矿产品行业（327）		原料金属行业（331）	
常数项	-0.28	-0.16	0.35	0.34	-1.54	-1.88
CU	0.61	0.44	-0.11	-0.1	2.21	2.60
R^2	0.006	0.15	0.007	0.02	0.01	0.17
CU_e	0.45	0.78	3.18	3.35	0.69	0.72

资料来源：美联储网站公布的统计数据：G. 17 – Industrial Production and Capacity Utilization for March 16, 2016。

表6-4显示了焊接金属产品行业、机械行业、计算机及其电子产品行业、电力设备行业、运输行业、家具行业六个行业的产能利用率与各自的行业通货膨胀率回归的结果。六个行业的通货膨胀与产能利用率之间均为正向关系，但是这些行业的通货膨胀受行业的产能利用率影响不显著，并且稳态通胀—产能利用率都远远小于经验值82%。在加入原油价格因素、美元实际汇率因素后，结果都更加显著，但是稳态通胀—产能利用率阈值仍然有各行业的特征，家具行业的阈值在20%附近，远远小于82%的特征值，并且行业通胀受行业产能利用率的影响并不明显。

从总体来看，当不考虑供给对价格的影响时，我们发现18个行业的稳态通胀—产能利用率阈值有很大不同，油气开采业、木材行业超过了85%，但是大部分行业均小于80%，食品行业甚至是负值。当加入影响价格水平的供给侧的因素时，回归的结果更加显著，18个行业的稳态通胀—产能利用率有很大的不同，大部分都小于80%，公共事业行业、石油与煤产品行业、塑料行业、原料金属行业、焊接金

属产品行业、计算机及其电子产品行业、电力设备行业、运输行业得到了显著的结果，分别为78%、78%、45%、69%、58%、63%、47%、47%。从食品行业回归的结果可以看出，在加入影响价格的供给层面因素后，稳态通胀—产能利用率由负值变为正值；而对于大部分行业来说，加入供给侧的影响因素后，稳态阈值都会升高。根据实证结果分析，随着美国经济环境的变化，稳态通胀—产能利用率阈值为82%这一命题并不成立。

表6-4　行业通货膨胀率与行业产能利用率回归结果（美国行业数据）（三）

行业	焊接金属产品行业（332）		机械行业（333）		计算机及其电子产品行业（334）	
常数项	-0.63	-2.09	-0.15	-1.45	-1.03	-1.96
CU	1.08	2.94	0.47	2.15	1.64	2.83
R^2	0.0009	0.16	0.0003	0.15	0.003	0.16
CU_e	0.58	0.71	0.32	0.67	0.63	0.69
行业	电力设备行业（335）		运输行业（336）		家具行业（337）	
常数项	-0.29	-0.07	-0.30	-1.48	-0.11	-0.12
CU	0.61	1.09	0.70	2.02	0.49	0.48
R^2	0.0004	0.6	0.0006	0.15	0.03	0.15
CU_e	0.47	0.64	0.47	0.73	0.22	0.25

资料来源：美联储网站公布的统计数据：G. 17 – Industrial Production and Capacity Utilization for March 16, 2016。

3. 总价格水平与产能利用率

在整体工业的产能利用率与宏观经济通胀回归中，自变量是工业的产能利用率，因变量是PPI、核心PPI（剔除食品与能源的最终产品）、CPI、核心CPI（剔除食品与能源的最终产品）以及供给侧影响价格水平的因素。

回归基于1986—2016年的月度数据，所有的回归结果都是显著的（见图6-2、图6-3），当不考虑供给因素的影响时，稳态通胀—产能利用率小于80%，甚至小于50%，而不是82%；当加入供给侧的影响

因素时,与 CPI、PPI 回归得到的阈值结果相较没有供给侧因素时都会减少,更远远小于 82% 。同时,由整体工业产能利用率数据与 PPI 回归得到的稳态通胀—产能利用率要大于与 CPI 回归得到的稳态通胀—产能利用率,与 CPI、PPI 回归的结果要远远大于与核心 CPI、核心 PPI 回归得到的结果,且与核心 CPI、核心 PPI 回归得到的稳态通胀—产能利用率都在 40% 左右,远远小于 82% 的经验值。剔除了在短期内由于受供给方面影响导致的价格变化的因素后,得到的稳态产能利用率值会变小,从一个角度也证明了行业的通货膨胀对于行业的产能利用率也有促进的作用,并不能确定产能利用率与通货膨胀之间的因果关系。

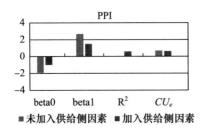
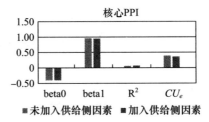

图 6 - 2 PPI、核心 PPI 与工业产能利用率回归结果 (美国 PPI 数据)

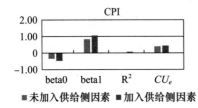
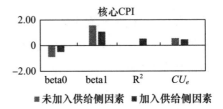

图 6 - 3 CPI、核心 CPI 与工业产能利用率回归结果 (美国 CPI 数据)

资料来源:美联储网站公布的统计数据: G. 17 – Industrial Production and Capacity Utilization for March 16, 2016。

4. 可能的解释

在行业层面,大部分行业产能利用率的稳态值都小于 82% ,但是回归的结果也显示,产能利用率与通胀呈正向关系,随着产能利用率

的提高，通胀水平也会升高；不同行业差异较大，只有油气开采业和木材行业的稳态产能利用率明显超过82%，达到90%以上。油气开采业、木材行业、非金属矿产品行业的产能利用率与通胀水平呈反向关系，这些行业的繁荣使得基础原料的价格降低，从而减少全社会的生产成本，使得通胀水平下降。

整个工业行业的产能利用率与宏观经济通胀水平回归的结果显示，产能利用率与CPI、PPI的回归结果较显著，而与核心CPI、核心PPI回归的结果不显著，说明整个社会的产能利用率对核心价格水平的影响只占很小一部分，核心价格水平主要受供给层面因素的影响较大。

四　稳健性检验

1. 邹氏（CHOW）检验

由于回归结果受选取数据的时间段影响显著，因而本部分运用邹氏（CHOW）检验法来检验回归结果的稳定性。CHOW检验法是一种检验模型稳定性的方法，把要分析的时间序列数据进行分段，然后分别进行回归，构造F统计量，分析总体的回归系数是否很好地拟合了每段数据，从而判断回归结果是否存在结构性的差异。首先对分段回归的系数提出原假设与备择假设：

$H_0: \alpha_i = \beta_i (i = 0, 1, 2, \cdots)$，$H_1: \alpha_i \neq \beta_i (i = 0, 1, 2, \cdots)$

其次构建F统计量，与根据显著性水平得到的临界值进行比较，判断模型的稳定性。

表6-5为行业通货膨胀率与行业产能利用率回归方程的稳健性检验结果。在不包含供给因素的情况下，在5%的显著性水平下，可以看出大部分行业F值小于临界值，不能拒绝原假设，所以对于大多数行业来说，在选定的时间段内行业的通货膨胀率与行业产能利用率的回归结果有很好的稳健性，能够解释两者之间的动态关系。但是计算机及其电子产品行业、电力设备行业、运输行业三个行业的F值远

远大于临界值，拒绝没有突变点的原假设，说明这三个行业的回归结果稳定性欠佳，不能很好地解释两者之间的关系。

表6-5 　　价格指数与行业产能利用率回归结果稳健性检验
（不包含供给因素/包含供给因素）

行业	油气开采业（211）	采矿业（212）	公共事业（221）
F 值	0.29/0.78	0.17/0.64	0.26/2.07
行业	食品行业（311）	木材行业（321）	造纸行业（322）
F 值	0.26/0.29	0.10/0.76	0.43/0.29
行业	印刷行业（323）	石油和煤产品行业（324）	化学制品行业（325）
F 值	2.23/1.91	0.17/0.44	1.25/0.90
行业	塑料行业（326）	非金属矿产品行业（327）	原料金属行业（331）
F 值	2.15/1.91	3.57/1.31	0.72/0.33
行业	焊接金属产品行业（332）	机械行业（333）	计算机及其电子产品行业（334）
F 值	1.57/0.72	0.53/0.42	5.65/1.63
行业	电力设备行业（335）	运输行业（336）	家具行业（337）
F 值	18.89/5.91	10.32/2.53	0.30/0.17

资料来源：美联储网站公布的统计数据：G. 17 - Industrial Production and Capacity Utilization for March 16, 2016。

在包含供给因素（原油价格、美元实际汇率）的情况下，回归结果的拟合效果相对来讲会更好。从 CHOW 检验的结果看，只有电力设备行业不能接受原假设，说明此行业回归模型的结果稳定性不高，所选取的时间段存在突变点，回归结果对两者之间的解释能力不足。除电力设备行业外，其他行业的检验结果皆为接受原假设，回归结果的解释能力及模型的稳定性都很好。

2. 虚拟变量检验

CHOW 检验的结果反映了在选定的时间段内模型稳定与否，但是无法准确地指出线性模型中不稳定的因素到底在模型的哪个部分，而虚拟变量检验能很好地解决了这个问题。CHOW 检验中，在不包含供

给侧因素的情况下，计算机及其电子产品行业、电力设备行业、运输行业的模型稳定性较差；在包含供给侧因素的情况下，电力设备行业模型稳定性较差。我们进一步将虚拟变量加入到不稳定的模型之中后，可以准确检验出在加入样本后，模型的回归参数是否出现显著的变化。因为前文已经知道计算机及其电子产品行业、电力设备行业的突变点在 2010 年，所以设定虚拟变量：

$$D_1 = \begin{cases} 0, & 2004—2010 \\ 1, & 2011—2016 \end{cases}$$

通过对两个行业数据的重新回归，得到的 F 值分别为 0.24、0.32，P 值分别为 0.96、0.92。

运输行业的突变点在 2011 年，所以设定虚拟变量：

$$D_1 = \begin{cases} 0, & 2007—2011 \\ 1, & 2012—2016 \end{cases}$$

通过对数据的重新回归，得到的 F 值为 0.68，P 值为 0.66。这三个结果位于临界值左侧，接受原假设，说明预测值与真实值之间的差异较小。所以这三个行业的估计方程参数的稳定性毋庸置疑，虽然计算机及其电子产品行业、电力设备行业、运输行业的模型稳定性较差，但是却有良好的预测功能。

五　基于非线性阈值模型的进一步检验

前文通过线性回归模型研究了行业产能利用率与通货膨胀之间的关系，但当稳态阈值超过某一数值后，变量之间的作用大小和方向会发生变化，称为阈值效应。在分析两变量之间有无阈值效应时，可以先判断两变量之间是否有分段关系，然后再采用分段线性回归模型、LRT 检验和 Bootstrap 重抽样法进行阈值效应分析。

1. 基本模型

我们主要运用分段线性回归模型拟合数据，该模型可以根据被解释变量的分位数进行回归，然后得到不同分位数下的均值，相比最小

二乘法求解的线性回归模型，更能准确地找到解释变量与被解释变量之间作用的方向变化点以及变化范围。

首先定义 x_t、y_t，若存在非线性函数 $f(x_t)$ 使得 $y_t = f(x_t)$ 是平稳序列，说明 x_t、y_t 之间存在着非线性的关系。设：

$$f(x_t) = \begin{cases} \alpha_1 + \beta_1 x_t, & x_t \leqslant x^* \\ \alpha_2 + \beta_2 x_t, & x_t \geqslant x^* \end{cases}$$

如果通过 LRT 检验得出，β_1、β_2 显著不同，那么在阈值 x^* 两侧，x_t 对 y_t 的作用方向相反，且程度不一样，从整体上来看，两变量之间也呈现出非线性的关系。

LRT 检验是从已有的数据中用递归的方法求出一个值，它可以使得出的模型有最大似然值。先从 x_t 的 5% 百分位数开始，依次递增，找出哪个百分位数可以得到最大的似然值，记为 x，并分别找出 ±4% 百分位数所对应的 x 值，记为 k_1、k_2，然后用递归方法在 k_1 和 k_2 之间的所有观察到的 x 取值内，找出可以得到最大似然值的 x_t 作为 k 值。

Bootstrap 是非参数统计中一种重要的估计统计量方差进而进行区间估计的统计方法，也称为自助法。在这里可以用重复抽取的方法确定阈值的可信区间。单纯的线性回归得到的结果只能找到稳态的阈值点，但是却无法得到阈值点附近两变量之间作用的具体方向与大小。因此，我们在这里将运用 Empower Stats 软件对各行业产能利用率与通货膨胀率进行分段回归，无须繁杂的编程，就可以确定两者之间是否有阈值效应。

用这种方法还可以进一步验证美国 18 个行业分析的结果（以及整体工业产能利用率与宏观经济通胀之间的关系），以探究可能更为复杂和丰富的关系。在分析的结果中，产能利用率与通胀之间的关系大致可以分为四种类型，即正"U"形关系、倒"U"形关系、加快通货膨胀、减弱通货膨胀。

2. 倒"U"形关系的行业及其阈值

从表 6-6 的结果可以看出，油气开采业的转折点（即阈值点）为 93.9%，与前文分析的结果基本相符，在产能利用率达到 90% 附

近时，其对通胀的影响达到了一个均衡位置。但是不同于单纯的线性回归结果，通过分段回归的结果可以看出在阈值点附近的具体作用方向。在小于阈值点 93.9% 时，符合传统的理论分析，产能利用率的提高使通胀压力加大；高于 93.9% 时，产能利用率与通货膨胀呈反向关系。整体来看，两变量之间呈现倒"U"形关系，说明油气开采行业的产能利用率与通货膨胀的关系在某一点存在反转的现象。从作用系数大小来看，负系数的绝对值大于正系数，在一定程度上验证了表 6-2 所显示的油气开采业产能利用率与通货膨胀之间的负向关系。但是对于绝大多数行业来说，促进作用的系数大于抑制作用。

　　机械行业的阈值点也超过了 90%，该值与线性方法得到的行业阈值有很大差距，并且机械行业产能利用率对行业通货膨胀的影响也呈现先增长后下降的趋势。

　　从石油与煤产品行业、食品行业的分析结果可以看出，行业产能利用率与通货膨胀率的阈值都超过 80%，但也都不是理论值 82%，同样呈现出明显的倒"U"形关系。在小于阈值 86.2%、80.7% 时，变量之间呈现正向的促进关系；大于阈值时，产能利用率对通胀有抑制的作用，但是从系数大小来看，无论是促进还是抑制，产能利用率对行业通胀的影响都较小。

　　从运输行业、非金属矿产品行业、印刷行业、化学制品行业分析的结果可以看出，与线性方法得到的结果相似的是，都呈现出倒"U"形关系，但阈值分别为 71.7%、55%、69.3%、74.1%，都不到 80%，与假设结果相去甚远，更不符合假设中的"两者之间只是简单的促进关系"。从结果系数的大小也可以看出，产能利用率对通货膨胀的削弱作用要小于对通货膨胀的推动作用。相对来说，分段回归的系数都比较小，说明产能利用率与通货膨胀之间的关系不明显。

表 6-6　　　　行业价格指数与行业产能利用率阈值效应分析

行业	折点 (k) (%)	<k 的回归系数	>k 的回归系数	对数似然比
油气开采业	93.9	0.300	-1.400	0.600

续表

行业	折点（k）（%）	<k 的回归系数	>k 的回归系数	对数似然比
机械行业	90.4	0.019	−0.018	0.565
石油与煤产品行业	86.2	0.700	−0.300	0.096
食品行业	80.7	0.200	−0.100	0.048
运输行业	71.1	0.100	−0.100	<0.001
非金属矿产品行业	55.0	0.081	−0.011	<0.001
印刷行业	69.3	0.108	−0.082	0.010
化学制品行业	74.1	0.201	−0.046	<0.001

3. 产能利用率对通货膨胀加快作用的行业及其阈值

公共事业、焊接金属产品行业、塑料行业、木材行业分析的结果显示，这几个行业的阈值分别为82%、81.9%、70.3%、62.3%，在折点两边，产能利用率对通货膨胀率均起到促进的作用，符合原先的假设。

除公共事业与焊接金属产品行业外，其他两个行业的阈值都明显小于82%；并且对于不同的行业来说，相互作用的程度是不同的，除塑料行业外，其他三个行业的产能利用率对于通货膨胀的作用都出现了增大的趋势，只有塑料行业产能利用率的作用随时间在削减。

4. 产能利用率对通货膨胀作用减弱的行业及其阈值

家具行业、采矿业、原料金属行业的分析结果表现出产能利用率对通货膨胀作用减弱的趋势与传统的认为随着产能利用率的提高，通货膨胀也会增强的假设相悖。

三个行业折点分别为61.7%、75.4%、81.3%，均呈现出产能利用率与通货膨胀的反向关系，其产能利用率提高不仅不会提高行业通货膨胀水平，反而会降低行业的通胀水平，这可能与行业的自身特征有关。并且这三个行业的产能利用率大于阈值水平后，对通货膨胀的作用极小，远不及小于阈值时的程度，与产能利用率对通胀作用加快的行业正好相反。

5. 正"U"形关系的行业及其阈值

计算机及其电子产品行业、电力设备行业、造纸行业这3个行业两变量之间呈现正"U"形关系，即当产能利用率小于阈值时，产能

利用率与通胀之间呈现反向关系，随着产能利用率的增长，通胀水平会下降；而当大于阈值时，产能利用率与通货膨胀之间呈现正向关系，产能利用率的提高会提高通货膨胀水平。

具体结果显示，当低于阈值时，产能利用率对通货膨胀的抑制作用不明显，而产能利用率大于阈值时，对通胀的提振作用明显。三个行业的阈值水平分别为 77.9%、85.4%、87.6%，不等于标准值 82%，很难认为美国行业的稳态阈值还处在 82% 的水平。

6. 整体工业产能利用率与通货膨胀（总物价水平）之间的阈值

同样，对整体工业产能利用率水平与宏观经济的通货膨胀进行相应分析，结果显示，产能利用率折点在 71.1%，小于 71.1% 时回归系数为 -0.07，大于 71.1% 时回归系数为 0.04，呈现倒 "U" 形关系。整体工业产能利用率的稳态阈值远远小于 82%，说明产能利用率的阈值在变化。

基于非线性阈值模型，无论具体行业还是整体的工业产能利用率分析的结果均与线性模型的结果基本一致。除少数几个行业分析结果出现产能利用率与通货膨胀的反向关系外，其他三种关系，产能利用率推动通胀的作用都远远大于产能利用率对通胀的抑制作用。短暂出现的抑制作用只与行业性质有关，从具体系数看，抑制的作用有限。在选取的时间段内，没有得到 McElhttan（1978）对于美国产能利用率的分析结论，稳态的产能利用率已经不是 82%，并且也不能证明产能利用率增加 1%，通胀增加 0.15% 的分析结果。对产能利用率作为通胀指示器的结论需要重新进行考量。

六　结论

本章选取了美国 18 个具体行业与行业总体产能利用率数据以及美国各项价格月度数据进行研究，得到了一些有价值的结论。

首先，大多数行业的历史数据均显示，所谓 82% 的国际标准产能利用率并不存在，不能简单地把这一数值作为 "产能过剩" 与否的判

断标准。

其次，分别对生产者价格指数（PPI）与18个行业的产能利用率进行回归，通过实证分析，得到的不同行业的通胀—产能利用率阈值有很大不同，只有油气开采业和木材行业超过了90%，大部分行业远远小于82%阈值，食品行业甚至是负值，非金属矿产品行业稳态阈值则超过了100%。在加入影响通胀的供给侧因素（原油价格、美元实际汇率）后，稳态通胀—产能利用率阈值并没有显著的变化。食品行业回归的结果在加入供给侧因素后，稳态通胀—产能利用率阈值由负值变为正值。油气开采业、木材行业、非金属矿产品行业的回归系数为负值，说明通货膨胀与产能利用率之间呈反向关系，产能利用率的上升会使得通货膨胀下降。进而证明，在本章选取的样本区间，美国18个行业的产能利用率阈值并不稳定在82%水平。

再次，在总价格水平与总产能利用率之间的关系上，我们对美国制造业以及整体工业产能利用率与各种价格指数的关系进行了经验检验，结果表明，制造业、整体工业产能利用率的阈值小于82%，与核心CPI、核心PPI回归的结果甚至小于40%，与此前的经验结果有着较大差别。

最后，我们尝试分析产能利用率与通胀之间是否存在非线性关系，这种关系又能否使得产能利用率的阈值保持在82%水平。通过运用分段线性回归模型、LRT检验和Bootstrap重抽样法进行阈值效应分析，结果显示，产能利用率与通货膨胀之间的关系不是简单的正向关系，部分行业出现了倒"U"形关系和正"U"形关系，说明在阈值两侧两变量之间出现了截然不同的两种作用方向，但是产能利用率对通胀的促进作用的效果远远强于抑制作用。总体来看，产能利用率对通货膨胀的影响并不明显，而且也无法得出所谓的产能利用率阈值稳定在82%的结论。

因而，发达经济体，如美国，其通胀—产能利用率阈值也并不为82%，并且产能利用率与通胀之间也不再是简单的单向线性关系。部分行业的经验分析显示，有可能出现在阈值附近产能利用率对通胀作用相反的现象，所以整体上看，稳态通胀—产能利用率不能再作为通胀压力指示器。

　　我们不能简单地以所谓的国际标准来做比较，更不能据此得出所谓的"产能过剩"与否的结论。事实上，产能利用率更多是一种预警指标，这种预警能力也同样在弱化。不同的行业产能利用率与行业的价格水平之间的关联不尽一致，更不存在统一的阈值。源于菲利普斯曲线的通胀与产能利用率之间的关联程度并不密切。

参考文献

［1］ 董敏杰、梁泳梅、张其仔：《中国工业产能利用率：行业比较、地区差距及影响因素》，《经济研究》2015 年第 1 期。

［2］ 韩国高、高铁梅、王立国、齐鹰飞、王晓姝：《中国制造业产能过剩的测度、波动及成因研究》，《经济研究》2011 年第 12 期。

［3］ 江飞涛、耿强、吕大国、李晓萍：《地区竞争、体制扭曲与产能过剩的形成机理》，《中国工业经济》2012 年第 6 期。

［4］ 钟春平、潘黎：《"产能过剩"的误区——产能利用率及产能过剩的进展、争议及现实判断》，《经济学动态》2014 年第 3 期。

［5］ 林毅夫、巫和懋、邢亦青：《"潮涌现象"与产能过剩的形成机制》，《经济研究》2010 年第 10 期。

［6］ Bain, J. S. , *Barriers to New Competition*, Cambridge：Harvard University Press, 1962.

［7］ Berndt, E. R. & C. J. Morrison, "Capacity utilization measures：Underlying economic theory and an alternative approach", *The American Economic Review*, 1981, 71 (2)：48 – 52.

［8］ Bulow, J. , J. Geanakoplos & P. Klemperer, "Holding idle capacity to deter entry", *The Economic Journal*, 1985, 95 (377)：178 – 182.

［9］ Cecchetti, S. G. , "Inflation indicators and inflation policy", http：//www. nber. org/chapters/ c11019, 1995.

［10］ Chamberlin, E. , *The Theory of Monopolistic Competition*, Cambridge：Harvard University Press, 1947.

［11］ Corrado, C. , C. Gilbert, R. Raddock & C. Kudon, "Industrial production and capacity utilization：Historical revision and recent devel-

opment", *Federal Reserve Bulletin*, 1997: 65 - 92.

[12] Corrado, C. & J. Mattey, "Capacity utilization", *Journal of Economic Perspectives*, 1997, 11 (1): 151 - 167.

[13] Cowling, K., "Excess capacity and the degree of collusion: Oligopoly behavior in the slump", *The Manchester School*, 1983, 51 (4): 341 - 359.

[14] Crotty, J., "Why there is chronic excess capacity", *Challenge*, 2002, 45 (6): 21 - 44.

[15] Davidson C. & R. Deneckere, "Excess capacity and collusion", *International Economic Review*, 1990, 31 (3): 521 - 541.

[16] Demsetz, H., "The nature of equilibrium in monopolistic competition", *Journal of Political Economy*, 1959, 67 (1): 21 - 30.

[17] Dixit, A., "The role of investment in entry - deterrence", *The Economic Journal*, 1980, 90 (357): 95 - 106.

[18] Esposito, F. F. & L. Esposito, "Excess capacity and market structure", *The Review of Economics and Statistics*, 1974, 56 (2): 188 - 194.

[19] Fare, R., S. Grosskopf & E. C. Kokkelenberg, "Measuring plant capacity, utilization and technical change: A nonparametric approach", *International Economic Review*, 1989, 30 (3): 655 - 666.

[20] Garner, C., Alan., "Capacity Utilization and U. S. Inflation", *Federal Reserve Bank of Kansas City*, *Economic Review*, *Fourth Quarter*, 1994: 5 - 21.

[21] Gorodnichenko, Y. & M. D. Shapiro, "Using the survey of plant capacity to measure capital utilization", *Studies Paper*, No. CES - WP - 11 - 19, 2011.

[22] Guan, Z. et al., "Measuring excess capital capacity in agricultural production", *American Journal of Agricultural Economics*, 2009, 91 (3): 765 - 776.

[23] Hall, R. E., "Chronic excess capacity in U. S. Industry", *NBER*

Working Paper, 1986, No. 1973.

[24] Kamien, M. I. & N. L. Schwartz, "Uncertain entry and excess capacity", *The American Economic Review*, 1972, 62 (5): 918 - 927.

[25] Klein, L. R. , "Some theoretical issues in the measurement of capacity", *Econometrica*, 1960, 28 (2): 272 - 286.

[26] Mathis, S. & J. Koscianski, "Excess capacity as a barrier to entry in the U. S. titanium industry", *International Journal of Industrial Organization* , 1996, 15 (2): 263 - 281.

[27] McElhattan, R. , "Estimating a stable inflation capacity utilization rate", http: //www. frbsf. org/economic - research/files/78 - 4 _ 20 - 30. pdf, 1978.

[28] McElhnttan, R. , "Inflation, Supply Shocks and the Stable - Inflation Rate of Capacity Utilization," *Federal Reserve Bank of San Francisco, Economic Review*, 1985: 45 - 63.

[29] Morin, N. & J. Stevens, "Estimating capacity utilization from survey data ", http: //www. federalreserve. gov/pubs/feds/2004/ 200449/200449pap. pdf, 2004.

[30] Pindyck, R. S. , "Irreversible investment, capacity choice, and the value of the firm", *The American Economic Review* , 1988, 78 (5): 969 - 985.

[31] Pirard, R. &L. C. Irland, "Missing links between timber scarcity and industrial overcapacity: Lessons from the Indonesian pulp and paper expansion", *Forest Policy and Economics*, 2007, 9 (8): 1056 - 1070.

[32] Shapiro, M. D. , R. J. Gordon & L. H. Summers, "Assessing the federal reserve's measures of capacity and utilization", *Brookings Papers on Economic Activity*, 1989 (1): 181 - 241.

[33] Wen, Y. , "Capacity utilization under increasing returns to scale", *Journal of Economic Theory*, 1998, 81 (1): 7 - 36.

第七章 化解过剩产能的国际经验*

全球化背景下"产能过剩"是世界各国面临的普遍性问题。美、德、日等国发挥大国经济主导优势，通过全球战略转移、技术创新、制度保障等化解过剩产能，而亚洲"四小龙"等小国和地区发挥后发优势，通过体制创新、产业结构调整等途径化解过剩产能。总结国际经验，作为大国经济体的中国，要有效化解过剩产能，需处理好政府和市场的关系，推动产业结构优化升级，扩大有效需求并提供有效供给；同时要面向国际、国内多个市场，实施"走出去"战略。

一 国际上"产能过剩"的历史及现状

过剩产能虽是全球性的问题，但中国的过剩产能有其自身的特点。国际钢铁协会的数据显示：2015 年全球粗钢产量中，中国占49.5%；全球钢铁企业的产能利用率都在下降，2015 年均值为69.7%，2014 年均值为 73.4%，中国 2015 年粗钢的产能利用率为 67%。

发达国家多已进入后工业时期，在工业发展进程中多次经历并缓解了"产能过剩"。任何一个有经济史知识的人，都会记得美国大萧条期间，一方面有1/3 的工人失业，成千上万的家庭陷于饥饿；另一方面农场主把"生产过剩"的牛奶倒在路上，宁可亏损，也不愿降价销售。如此的"非理性行为"只有一个原因，就是资本主义市场经济

＊ 本章由刘建江协助完成。

的生产不是为了满足人民的需要，而只是为了追逐高于市场平均水平的超额利润。前文已经论述，中国"产能过剩"的主要成因不是"市场失灵"，而是地方政府在晋升激励下引导企业过度投资所致，不同于西方资本主义生产方式下的"产能过剩"。但是，从西方国家"产能过剩"的解决方案中总结经验和教训，对我国当前化解"产能过剩"仍具有重要的借鉴意义。

（一）美国、德国、日本等发达经济体的过剩产能问题

1. 美国制造业产能利用率长期不高

20世纪80年代以来，美国先后经历了三次较为严重的"产能过剩"。一是20世纪80年代中期，二是20世纪90年代初期，三是21世纪初期。在前两次"产能过剩"中，即1986—1987年和1991—1992年，美国工业产能利用率都曾下降到79%—80%，"产能过剩"主要集中在汽车、钢铁等传统制造业。为解决工业"产能过剩"的危机，美国采取了大力发展服务业和高新技术产业的产业升级方式，美国经济重心向第三产业转移的速度明显加快，工业经济也开始向信息经济转型。第三产业的发展使工业部门的生产波动对整个经济稳定性的冲击减小，而以信息产业为核心的高新技术产业的发展创造了新的投资增长点和工业生产增长点。在第三次"产能过剩"中，即2000—2002年，工业产能利用率再次跌落到81%以下。这一次，过剩产能不仅出现在钢铁和汽车制造业，还集中于电子制造业和信息通信产业。这轮高新技术产业"产能过剩"，最终通过相关企业破产和并购重组等方式得以缓解。

根据美联储的统计数据，美国产能利用率的平均水平长期低于理论上可行的100%产能利用率的水平，这使得经济学家怀疑许多行业的"产能过剩"是长期的。美联储的统计数据显示，钢铁行业在1973年第四季度至1974年第三季度产能利用率超过100%；计算机及外用设备行业在2009年第四季度至2010年第一季度的产能利用率超过100%。这些超常数值的出现说明机器超负荷运转、过度折旧。从偏度结果看，除计算机及外用设备行业，食品、饮料和香烟行业，电力、煤气公用事业为正值以外，其他行业都为负值，说明在1972—

2016 年大部分行业的产能利用率数据都存在左偏现象，并且大部分行业的产能利用率平均值都在 80% 左右，所以表现为大多数年份的数据都小于 80%。

作为"产能过剩"行业的代表，美国钢铁业经历了长期调整过程。一方面，美国钢铁业从业人数逐渐下降然后趋稳。1974—1980 年，美国钢铁业从业人数由 51.2 万人下降到 39.9 万人；1980—1990 年，由 39.9 万人下降到 18.7 万人；1990—2000 年，由 18.7 万人下降到 13.5 万人；2000—2010 年，由 13.5 万人下降到 8.5 万人（见图 7-1）。另一方面，美国钢铁业进行了大规模的兼并重组，行业集中度显著提升，行业利润大幅增加。美国钢铁行业中四个最大的企业的市场份额（CR4）在 2010 年达到 70%（见图 7-2）。1994—2001 年，美国钢铁行业平均毛利率为 5.8%；经过行业并购重组，美国钢铁行业平均毛利率有所上升，2002—2008 年平均值为 11.73%；但是，2008 年金融危机重创美国钢铁行业，直到近几年才开始逐渐恢复（见图 7-3）。

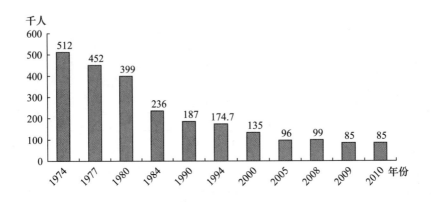

图 7-1　美国钢铁行业从业人数

2. 德国工业区在产业结构转型期出现严重的"产能过剩"

德国的鲁尔区曾以传统工业蜚声全球，而 20 世纪 50—60 年代的新技术革命浪潮给鲁尔区造成了巨大冲击，50 年代原油、天然气的涌入与 70 年代汽车、轮船需求量的锐减，使德国大型钢铁企业集聚区

鲁尔区饱受"产能过剩"等问题的困扰，多家企业被迫关门。从经济结构演变上看，第二产业的萎缩是"产能过剩"的直接原因。第二产业虽然绝对规模呈现扩张趋势，增长速度却小于 GDP 增速，占比呈现出下行态势。并且，产业内部建筑业需求逐渐收窄。产业结构升级对传统重工业的负面冲击使上游钢铁等行业出现"产能过剩"。

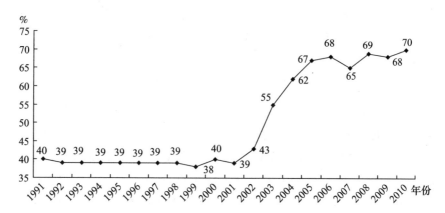

图 7-2　1991—2010 年美国钢铁行业 CR4

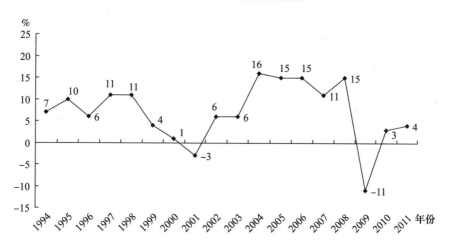

图 7-3　1994—2011 年美国钢铁行业毛利率

随后，鲁尔区地方政府制定了"新产业化"政策，以产业结构调整促进就业结构调整。一是建立技术设计园区，引入并创建 212 家新兴企业，并通过引入新的人才强化对年轻劳动力的技术转型改造。产

业结构的改变极大地促进了就业结构的优化，截至 2010 年，化工、物流、商业贸易和医疗保健行业吸纳了 56 万从业人员。二是根据地区的发展历史和资源禀赋进行工业遗产综合开发，打造"工业旅游"品牌。例如，保留传统行业的小规模模拟生产，让游客参与工业流程，或将废弃工厂改造成文化娱乐场所。经过 30 多年的经济转型，鲁尔区从德国的煤炭及钢铁制造中心逐步变为以传统工业为基础、以高新技术产业为龙头、产业协调发展的多元化综合经济区，实现了产业结构由单一向多元、从制造向服务的成功转型。

3. 日本也出现过大量"僵尸企业"

作为制造业大国，"二战"以后，日本也经历过多次周期性"产能过剩"。20 世纪 90 年代初，日本股市泡沫和房地产泡沫破裂，许多企业因此资产受损，濒临倒闭。为了避免不良贷款激增，日本国内银行选择持续为这些企业提供资金，但这种方法虽然避免了金融危机，却也使这些企业因此成了"僵尸企业"。当时的日本经济仿佛遇到了"生化危机"："僵尸企业"横行肆虐，国民经济死气沉沉。Sekine 等（2003）研究发现，在 20 世纪 90 年代的日本，银行贷款更多地流向了那些资产负债率已经很高的公司，特别是建筑业和房地产业公司。更为奇怪的是，这些公司在获得贷款支持之后，盈利水平不仅没有提高，反而越来越低。Peek 和 Rosengren（2005）对同一时期的日本公司进行了研究，也发现了类似的现象：1993 年到 1999 年，经营效益越差的日本企业，拿到的银行贷款反而越多。

（二）从国际大宗商品波动来看，产能供求经常不均衡

西方国际市场大宗商品的变化幅度和变化周期见表 7 - 1。钢铁制品的价格指数，2002 年 1 月为 107.1，2008 年 8 月涨到 294.4，6 年半的时间里涨了 1.7 倍；金融危机爆发后的 2009 年 5 月，跌到 169.2，9 个月跌了 43%。

表 7 - 1　　　　全球商品价格波动（1980—2016 年）

商品	石油	天然气	铁矿石	铜	煤炭	小麦	大米	棉花	大豆	牛肉	橘子
均值	43	3.95	35	3442	52	166	333	74	279	119	605

续表

商品	石油	天然气	铁矿石	铜	煤炭	小麦	大米	棉花	大豆	牛肉	橘子
标准差	31	2.13	44	2386	30	55	136	23	105	36	239
最大值	313	225	523	287	373	243	304	312	224	229	219
最小值	27	37	29	37	47	53	49	50	57	62	43
周期	3	3.6	7	5.8	4.4	5	7	3.9	3.1	5	4.4

注：按照美联储圣路易分行数据库的定义，均值与标准差都以美元计价，最大值与最小值为均值的百分比，周期单位为年。石油用的是 TNI（西部得克萨斯中级原油）价格指数。

危机过后钢铁价格指数依然大幅震荡，2011 年 7 月回升到 256.9，14 个月涨了 52%；到 2015 年年底又跌回 171.0，4 年下跌 1/3。铁矿石 2003 年 12 月仅为 13.82，2008 年 12 月升到 69.89，2011 年 2 月继续升到 187.18，7 年涨了 12.5 倍；然后便一路下跌，到 2015 年 12 月只有 39.60，4 年跌了近 80%（见图 7 - 4）。

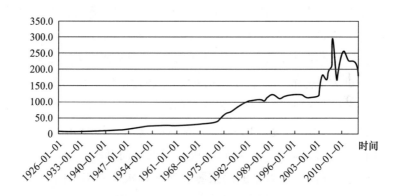

时间

图 7 - 4　全球钢铁价格指数波动

煤炭的价格指数，2005 年 11 月为 40.78，2008 年 7 月涨到 192.86，不到 3 年涨了 3.7 倍；2009 年 3 月跌到 65.36，8 个月跌了 2/3，2011 年 1 月煤价回升到 141.94，不到 2 年又再次涨了 1.2 倍；到 2015 年 10 月又一路跌到 56.05，4 年跌了 61%（见图 7 - 5）。

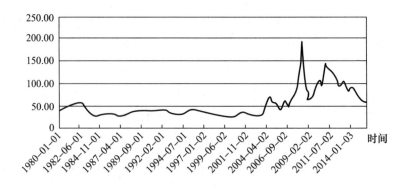

图 7-5　全球煤炭价格指数波动

（三）中国"产能过剩"的共性及特殊性

21 世纪以来，尤其是在经济新常态的大趋势下，我国"产能过剩"风险日益凸显，化解"产能过剩"已被认为是当前我国产业结构调整的重点。

实际上，"产能过剩"已具全球化特性，是伴随一国经济发展而出现的阶段性产物，也是一个世界性难题，多数国家的过剩领域都具有共性。以钢铁行业为例，根据世界钢铁协会的统计，2013 年全球范围内钢铁产能达到 20 亿吨，产能利用率仅为 80% 左右，其中中国产能约 10 亿吨，占到全球产能的 50%，但整体利用率却不到 75%[1]。值得一提的是，当前全球"产能过剩"，已不限于传统产业，在新兴产业中的表现也越来越突出，例如新兴产业中具有代表性的光伏产业[2]。但是中国"产能过剩"与其他国家相比既有共性也有特殊性。

共性就是产能利用率低。IMF 估算，我国产能整体利用率已由 2000 年的 90% 下降至 2012 年的 60% 左右，明显低于 80% 的临界水平。我国有 42.8% 的行业存在不同程度的"产能过剩"[3]；其中，煤

---

① 中商华研研究院：《中国钢铁市场运营格局及发展战略分析报告（2013—2017）》，2014 年 12 月。

② 贺正楚、吴艳等：《光伏产业产能过剩的云理论评价》，《青海社会科学》2014 年第 4 期。

③ 沈坤荣、钦晓双、孙成浩：《中国产能过剩的成因与测度》，《产业经济评论》2012 年第 4 期。

炭开采和洗选业的产能利用率最低，为 33.37%，35 个行业中有 11 个产能利用率低于 80%。我国"产能过剩"的另一个表现是工业总利润率不高，这一数值从 2000 年的 5.25% 上升到 2010 年 7.45% 的最高水平，随后又出现下滑，2012—2013 年均只有 6.5% 左右，重工业对工业总利润的贡献占到 70% 以上。我国新兴产业增长乏力，高新技术产业增长率从 2000 年的 26.3% 下降到 2013 年的 11.8%。

特殊性表现在两个方面：一方面，中国产能占比较高。主要工业品的产能，中国遥遥领先于世界其他国家。从钢铁产量的演变趋势来看，美欧日等发达国家产量呈现明显的下降趋势，全球钢产量缓慢增长，中国增速远超世界平均水平，十年间中国产能占世界产能比重由 1/3 上升为 1/2，2015 年中国粗钢产量是美国的 10 倍以上（见表 7-2）。另一方面，中国产能问题长期未得到解决。21 世纪以来，中国解决"产能过剩"的呼声出现过多次，2004—2005 年，部分行业被认为出现"产能过剩"，但随后就被迅速发展的经济消化。2009 年以来中国部分行业产能利用率如表 7-3 所示。其中 2013 年，粗钢、水泥、平板玻璃、电解铝、造船等行业被列为严重"产能过剩"行业。

表 7-2　　　　世界主要经济体粗钢产量（2006—2015 年）　　　单位：千吨

年份	2006	2007	2008	2009	2010	2011	2012	2013	2014	2015
中国	421024	489712	512339	577070	638743	701968	731040	822000	822750	803825
美国	98188	98101	91895	59384	80495	86398	88695	86878	88174	78845
日本	116226	120203	118739	87534	109599	107601	107232	110595	110666	105134
德国	47224	48550	45833	32670	43830	44284	42661	42645	42943	42676
英国	13871	14317	13521	10079	9709	9478	9579	11858	12120	10907
欧盟	207386	210260	198705	139436	172911	177791	168589	166356	169301	166115
印度	49450	53468	57791	63527	68976	73471	77264	81299	87292	89026
世界	1250098	1348108	1343429	1238755	1433433	1538003	1560131	1650354	1669894	1620408

表 7-3　　　　　　　　中国各行业产能利用率　　　　　　单位：%

工业品	2009 年	2010 年	2011 年	2012 年	2013 年	2015 年
电解铝	61.2	59.6	58.6	71.9	73.5	78
光伏				<60		
造船				约60	65.7	约60
电石	67	82.6	61.6			
水泥	67.1	65.2	64.5	67.1	75.7	67
焦炭	72.6	70.4	69.4			
平板玻璃	69.2	71.4	77.6	73.1	73.5	68
粗钢	81.1	82	80.5	72	74.9	67
煤炭	91.8	89.3	87.2	约75		76
汽车	85.7	105	94.4	88		76

（四）国际比较的三个基本事实

中国在过去十多年中经历了两次较严重的经济过热，过度投资导致大量过剩产能。而发达国家在过去一两百年间经历了多次经济周期，也表现为"产能过剩"。通过比较我们发现三个重要事实：第一，欧美国家的工业产能利用率普遍不高，不宜夸大我国"产能过剩"现象。第二，新旧经济动能转型期，国际社会都出现过 PPI 和 CPI 的长期背离现象。日本 1984—1999 年、韩国 1981—1995 年、中国台湾 1981—1993 年、菲律宾 2007—2014 年都经历了 PPI 下降而 CPI 上涨的情况，并且持续时间都在八年以上。所以说，我国的去产能是长期问题。第三，美国等发达经济体对钢铁等行业是实施严格的产业规制的，但是不能据此断言"我国'产能过剩'的主因是市场失灵，对策建议是加强监管"。事实上，我国政府与美国政府在产能扩张上的作用是不同的，美国是在加强环保和技术以及反垄断，我国地方政府是在无底线地招商引资。故而，去产能的对策也应该是不同的，我国应该推进市场化而不是进一步强化管制。

二 国际社会化解"产能过剩"的主要做法

第二次世界大战之后，美、欧等主要经济体工业化进程较快，但不同程度的"产能过剩"问题也多次出现，其化解途径主要是依赖于全球市场，通过市场机制来调节。而日本、亚洲"四小龙"等亚洲经济体，工业化进程滞后于欧美等经济体，政府的决策对化解"产能过剩"起到了巨大的作用。

美国并没有出台太多的专门政策以应对市场萎缩型"产能过剩"，但也会根据形势变化采取相应的措施。其中，供给方面的政策主要包括加快创新驱动产业发展、通过"再工业化"战略提升产业竞争力；需求方面的政策主要包括扩大国内市场需求、加大贸易保护和区域性经贸合作安排，以强化国际市场主导权。而日本的经验则基本可以概括为：①推动过剩产能企业的兼并重组；②通过国民收入倍增计划启动民间消费；③扩大对外投资，转移过剩产能；等等。

（一）国际一般经验：市场调节为主，扩大内需外贸

在面对"产能过剩"问题时，美国、德国、日本等发达国家主要采用市场机制来调节，但也不排斥管制、税收等政府干预手段，通过扩大内需、贸易输出、技术创新、产业转移等途径化解过剩产能。

第一，坚持"市场调节机制为主，政府干预为辅"的原则。发达国家市场化程度相对较高，遇到"产能过剩"问题主要通过市场机制调节，政府通常发挥引导性、指向性作用，少见生硬的扶持手段和过多的干预手段。欧洲的钢铁行业在面临"产能过剩"问题时，更多的是采用减产减员等市场行为来提振价格。日本面对需求萎缩和"产能过剩"的双重压力，推行"减量经营"政策，为市场提供了明确的政策指向，同时良好的市场机制使得去产能的推进过程进展顺利。

第二，依靠扩大内需消化部分产能。有效扩大内需是发达国家化解"产能过剩"的主要思路。20世纪50年代，日本在"产能过剩"时实施了《国民收入倍增计划》，将提高国民生活水平和低收入者购买力作为策略的核心。该计划的实施使日本保持了较高的经济增速，1961—1970年日本国民生产总值年均增长率达到10%，同时，日本劳动报酬的年均增长率超过10%，实现了国民经济与居民收入同步增长的目标，形成了将近1亿人口的中产阶层。

第三，依托对外贸易输出国内部分产能。主要发达国家都把拓展海外市场作为化解"产能过剩"的重要手段之一。美国的生产能力在"二战"时期扩大了约50%；"二战"后期，美国通过"马歇尔计划"使得全世界一半以上的制造业生产都在美国进行。日本在20世纪50年代确立了出口导向型经济模式，以此来解决其日益严重的"产能过剩"问题。

第四，引导技术创新，淘汰落后产能。相比于其他方面，发达国家在淘汰落后、鼓励创新方面的政府干预力度较大。日本针对落后产能在20世纪60—70年代采取了设备注册制度、指定准入标准、淘汰落后设备、鼓励使用节能环保设备等一系列做法。美国针对21世纪初传统产业"产能过剩"问题，采取大力发展服务业和高新技术产业的产业升级方式，使经济重心转向第三产业，工业经济也开始向信息经济转型，并引领了全球信息化革命，美国由此摆脱了传统产业升级的难题，化解了"产能过剩"。

第五，加快海外产业转移，释放过剩产能。将产能向海外转移，加快国内传统产业向新兴产业的升级步伐，是发达国家化解"产能过剩"的主要手段之一。日本由于本国经济发展动力不足，不断转移国内产业以释放过剩产能。20世纪80年代前期，日本制造业的海外生产比例仅为3%左右，20世纪90年代初提高到8%左右，而2002年达到17.1%。欧盟各国也十分重视建设海外工厂，以汽车制造为例，欧洲汽车制造商持续增加对新兴国家的投入，纷纷建立汽车生产基地，有效化解了"产能过剩"问题。

第六，兼并重组限产保价。美国在钢铁行业市场需求下降时，

自觉削减产能,联邦政府承担了钢企不同的社会成本。日本钢企则按照工业重新布局和环境治理要求,大钢厂自主调整,小钢厂都并到大钢厂里去,与下游用户紧密联系、开展战略合作,并将一些产能转移到别国。日本新日铁住金株式会社顾问黑木启介介绍道:"新日铁成立时有 25 座高炉,后来通过减量重组、优化提升,关停了一大批设备,现在只有 9 座高炉。"大企业整合完成后,关掉部分工厂,减少并退出过剩产能,整个去产能过程中企业效益一直很好。日本在经济泡沫时期,全国有 1.2 亿吨的水泥产能,现在日本只有 3 家大型的水泥企业,总产能不到 4000 万吨。

(二) 美国经验的亮点是绿色发展

美国拥有完善的市场经济体系,在经济发展时期往往出现不同程度、不同类型的"产能过剩",这种过剩呈现出较强的经济周期性特征。为缓解"产能过剩"对经济造成的冲击,美国不同时期实施了不同的政策措施,主要以市场机制调节为主,政府政策导向发挥了重要的辅助作用。

1. 国家战略引导产能输出,推动产业全球转移

"二战"期间,美国工业迅速发展并导致了战后的"产能过剩"问题。美国从国家战略出发,启动了"马歇尔计划"。1948—1952年,该计划对外援助达到 131.5 亿美元,直接推动了受援国家 25% 的 GDP 增长,并刺激了美国工业生产和贸易发展,支撑了美元的国际地位以及美国经济的快速发展。20 世纪 50 年代以后,美国作为世界上最大的经济体,是全球产业转移的主导力量,不仅向发展中国家转移劳动密集型和一些资本、技术密集型产业,甚至向一些发展中国家转移高新技术的研发和生产工序(见表 7 - 4)。此后,国际化进程的加速也为美国实施全球产业转移战略提供了条件。2013 年,美国启动了跨大西洋贸易与投资伙伴协定(TTIP)谈判,加大贸易保护并参与国际区域性经济组织合作,以降低进出口贸易成本,有力地支撑了美国国际主导权并化解了国内的过剩产能。

表 7-4　　　20 世纪 50 年代开始的全球产业转移及美国地位

20 世纪 50 年代	美国→日本（资本密集型产业）
20 世纪 60—70 年代	美国、日本→亚洲"四小龙"（劳动密集型、部分资本密集型产业） 美国、日本→亚洲"四小龙"（资本密集型产业） 美国、日本→亚洲"四小龙"→东盟四国（劳动密集型产业）
20 世纪 80—90 年代中期	美国→日本（知识技术密集型产业） 美国、日本→亚洲"四小龙"（标准化资本、技术密集型产业） 美国、日本、亚洲"四小龙"→东盟四国、中国（劳动密集型、部分资本密集型、低技术型产业）
亚洲金融危机后至2008 年	美、日、亚洲"四小龙"→中国珠江三角洲、长江三角洲、环渤海经济圈（劳动密集型产业）
后金融危机时代的产业转移	美、日、韩→东南亚（劳动密集型、部分资本密集型产业） 中国东南沿海→中国中部、西部，东南亚、南亚（劳动密集型、部分资本密集型产业） 中国东南沿海→回流美国、欧洲（部分高端制造业）

资料来源：笔者整理。

2. 鼓励企业兼并重组，淘汰落后产能，促进产业升级

20 世纪 80 年代至 21 世纪初，美国的汽车、钢铁等传统制造业以及电子、信息等高新技术制造业都出现了不同程度的"产能过剩"，工业产能利用率跌到 80% 以下。2001 年互联网泡沫破灭，反映出高新技术制造业领域的过剩问题。为此，美国通过市场力量，鼓励企业实行破产和并购重组，淘汰落后产能，促使经济效益不高的企业退出市场，并在 21 世纪初初步实现了部分新技术制造业的基本供求平衡。2008 年金融危机后，美国工业产能利用率一度降到 2009 年第四季度的 67.2%。为应对危机，时任美国总统奥巴马提出"再工业计划"，明确支持先进技术（3D 打印等）的研发及新能源（页岩气等）的开发，借此优化产业结构。

3. 充分发挥政府宏观调控作用

20 世纪 50 年代，美国开始建立工业产能及利用率数据库，保证政府能够实时监测行业生产能力发展状况，为政府部门和行业协会提供数据支撑。在税收调节方面，美国通过对污染严重的制造业强制性地征收高税额、减免新兴产业税额等财政政策促进产业转移。在产业政策方面，实施以产业深化创新和培育产业竞争力为目标的产业政策，化解市场萎缩型过剩产能。同时，加大基础教育和设施的财政资金投入，降低投资和运输成本，进而扩大国内市场、促进国内需求。

4. 节能减排，绿色发展

能效提高的过程也就是高能耗、高排放的落后产能改造或退出的过程。美国提高工业领域能效政策的实施采取了强制与激励相结合的做法。一方面，实施了提高能效的强制性政策，规定了相关产品、设备、系统，如电动机、锅炉等的最低能效强制性标准。美国 1980 年开始实施强制性能效标识制度，1992 年开始实施自愿性节能认证"能源之星"，采购法以及几个总统令都规定政府必须采购"能源之星"认证产品。由于市场本身不能实现最有效率产品的销售，因此只有采用标准这一强制性措施才能确保至少让效率最低的产品从市场上消失，管制和标准也因此成为世界各国提高能效的首选工具。另一方面，实施了有效的财政政策，以及为促进能效提高而建立的投资银行放贷标准。这些税收优惠政策有利于激励企业实现对最低标准的超越。美国《2005 年能源法案》对安装特定节能技术装置的企业给予 20 亿美元税收激励。此外，为实现特定能效目标的节能自愿协议也被广泛地应用于工业领域。

（三）德国经验的亮点是补贴政策

历史上，欧共体各成员国纷纷以大量政府补贴的方式努力扩大本国钢铁企业的市场份额，导致 20 世纪 70 年代中期到 90 年代初期欧共体钢铁工业产能严重过剩，社会福利严重损失。围绕地区（国家）之间为争取 FDI 流入而进行的补贴性竞争开展的有关研究较多，例如 Bond 和 Samuelso（1986）、Barros 和 Cabral（2000）以及 Albornoz 等（2009）。

"德国制造"长期以来以高质量和做工精细闻名于世，"二战"后的德国从工业废墟到一度成为世界第一出口大国，其间出现了不同程度的"产能过剩"问题。德国主要通过财政支持产业转型、提高出口竞争力、发挥制造业优势等措施化解过剩产能。

1. 政府提供财政支持，推动产业转型与升级

20世纪60—70年代，德国传统工业先后遭遇"钢铁危机"和"煤炭危机"，钢铁、煤炭等行业出现严重的"产能过剩"，相关产业链也面临发展瓶颈。为此，从60年代开始，德国通过财政支持，推广应用新技术、新设备，以实现对传统产业的改造升级，化解"产能过剩"危机。进入21世纪，德国在机械制造、精细化工、汽车、钢铁、交通、能源、发电等行业，普遍运用信息技术提高生产效率并提升企业的市场竞争力。2008年金融危机导致德国经济萎缩了4.7%，为应对全球外部装备、汽车等制造业需求下降，政府通过财政补贴、税收优惠等多种政策措施有效推动技术创新成果产业化，避免企业过度建设并化解了"产能过剩"问题。

2. 加大本国制造业出口支持力度，发挥制造业优势

德国曾是全球第一大出口国，其经济发展以出口为导向，2006年外贸依存度高达57%，外贸总额为16253亿欧元，外贸顺差达1619亿欧元。在技术贸易尤其是高新技术及其产品贸易方面，德国仅次于美国和日本，这显然离不开政府的引导和支持。然而，经济发展过程中也难免出现结构性和周期性"产能过剩"，为此，德国不断发挥制造业优势，加大制造业出口支持力度，通过扩大国际市场来化解过剩产能。主要措施包括：建立信息服务体系，提供融资支持，鼓励企业参加国际展览，加大研发投入，提高出口竞争力，等等。

3. 大规模淘汰落后产能和兼并重组是最有效措施

在"去产能"政策方面，虽然鼓励本国企业消费过剩产能或实行进口配额管制可以在短期内缓解行业的"产能过剩"压力，但淘汰过剩产能和通过兼并重组提升行业集中度与经营效率才是最为直接有效的途径。实施各种切实有效的"去产能"政策后，不仅行业的"产能过剩"情况可以得到缓解，而且诸如兼并重组等政策实施后往往能

够在较大程度上提升行业的经营效率和国际市场竞争力，就业人数和行业利润也会因此而止跌转升。

（四）日本经验的亮点是对外投资

日本是一个资源短缺型国家，同时又是制造业出口大国。日本经济在面临"产能过剩"的情况下，主要借助政府的各种积极举措来完善市场机制，其短期政策着重于通过稳定生产和市场秩序来减小"产能过剩"的冲击；在长期则努力消除"产能过剩"的体制性因素，如消除劳动流动限制，鼓励国内企业对外投资等。日本政府通过一系列政策及法律手段，实施出口导向战略、国民收入倍增计划等政策扩大海外市场并刺激国内需求，避免供求失衡导致资源错配的问题。日本化解"产能过剩"的具体经验有以下几点：

1. 实施国民收入倍增计划，通过扩大内需化解过剩产能

20世纪60年代开始，日本经济进入起飞阶段，国内需求已处于饱和状态，经济增长主要依赖出口。为此，日本明确提出国民收入倍增计划，引入"最低工资制"，加大社会保障制度的建设，以扩大需求的方式化解过剩产能。这一政策引发了日本国内的消费狂潮，化解了大部分过剩产能。国民收入倍增计划的实施取得了良好的效果，在经济方面，1961—1970年日本GDP的增长率达到了10%，居民收入年增长率超过了10%，实现了国民经济和居民收入同步增长。

2. 实施出口导向战略，积极扩大海外投资

"二战"以后到20世纪50年代，随着经济的复苏，日本工业迅速发展起来，导致供给大于需求，从而出现了大量劳动密集型产业的"产能过剩"。为应对经济发展"瓶颈"，其政府实行了以出口为导向的战略。该战略获得明显成效，其对外依存度从1946年的10%上升到1960年的38.3%。20世纪80年代中期以后，受日元升值影响，出口受到明显的冲击，国内消费市场远远不能满足日益成熟的强大生产能力。为此，日本加大海外投资，利用发展中国家低劳动力成本发展本国工业，对东亚、东南亚等国家和地区的投资从1985年的122亿美元增加到1989年的675亿美元，海外生产比例大幅增长。20世纪90年代，日元大幅升值和出口受阻导致了经济泡沫的破裂，此后

相当长的时期日本经济发展缓慢，被称为"失去的二十年"，并再次面临严重的"产能过剩"。出口导向战略成为推动产能向海外转移的重要举措。

需要强调的是，扩大对外投资是日本促进经济发展的一项重要策略，也是进行经济结构调整特别是实现产业升级换代所必须经历的过程。随着日元持续大幅度升值以及对外贸易摩擦愈演愈烈，20世纪80年代中期日本出现了"海外投资立国论"，希望通过扩大对外投资、加快生产和资本的国际化步伐来缓解日元升值导致的投资和生产成本提高等问题。此后，日本国内制造业加快了对亚洲"四小龙"（韩国、中国台湾、中国香港和新加坡）、中国大陆、东盟等国家和地区的海外投资。1985年，日本对外直接投资为122亿美元，1989年达到675亿美元，创历史最高纪录。至90年代初，受泡沫经济破灭等因素的冲击，日本对外投资出现了暂时下降，但这并没有从根本上扭转日本产业向海外转移的趋势。从海外企业销售额与国内企业销售额的比例（即海外生产比例）这一指标的变动中，可以看出日本产业转移的持续发展状况：80年代前期，日本制造业的海外生产比例仅为3%左右；90年代初提高到8%左右；而2002年达到17.1%，其中电气机械业达到26.5%，运输机械业则高达47.6%。

（五）亚洲"四小龙"化解"产能过剩"的特殊经验

韩国、新加坡、中国香港、中国台湾在20世纪60年代到80年代经济出现了快速增长，一度被外界称为亚洲"四小龙"。这些国家和地区的快速发展离不开美、德、日等发达经济体以化解本国产能过剩为目的实施的全球产业转移。随着经济迅速崛起，亚洲"四小龙"地区工业得到极大的发展，同时产能也迅速增加。然而，随着亚洲金融危机的爆发以及国际环境的剧烈变化，东南亚国家工业逐步发展起来，劳动力成本提高，韩国等国家出口以及海外投资受阻，"产能过剩"问题开始出现。为应对"产能过剩"带来的危机，以韩国为代表的亚洲"四小龙"从体制创新、优化产业结构方面采取了积极的应对措施。

1. 逐步完善社会保障体系，通过体制创新化解过剩产能

韩国从 20 世纪 60 年代开始经历了 30 年的高速增长，居民收入也增长了近 20 倍。在步入中等收入国家行列后，韩国从政策上支持技术研发，注重企业的创新能力，同时推行"新农村运动"，完善社会保障体系，缩小了城乡收入差距。1998 年亚洲金融危机后，仅用了 8 年时间就跨入了高收入水平国家行列。随着体制的创新，生活水平的大幅提升极大地促进了居民的消费，成为化解过剩产能的重要动力。

2. 实施产业政策，优化产业结构，加大对外经济领域合作

20 世纪 60—70 年代，韩国充分利用当时国内的廉价劳动力和纺织工业的优势，实施出口导向的产业政策，为韩国的资本和技术积累创造条件。同时，其贸易政策与国家产业政策搭配，加大对外经济领域合作，以不断调整贸易政策来服务于产业结构调整，促进产业结构优化，实现经济结构的不断转型。韩国产业升级经历了进口替代、出口导向、重工业产业发展、技术密集型产业发展等阶段，逐步从劳动密集型产业过渡到技术密集型产业，有效化解了"产能过剩"问题。其中，科研投入为产业升级提供了良好的环境，例如，1990 年韩国 R&D 经费投入达 46.76 亿美元，占 GDP 的比例达到 1.87%，是 1963 年的 1000 多倍。

三　经验借鉴：制度建设、创造性破坏、产业转型

对比目前我国和美日治理"产能过剩"的政策措施及其实施效果可以发现，差异十分明显。以美国为例，受 2008 年国际金融危机的影响，美国出现严重的"产能过剩"，在此背景下，美国政府通过刺激研发投资、推动创新，使产能利用率逐步回升。数据显示，2014 年 5 月，美国工业产能利用率达到 79.1%，已经基本接近危机之前的正常水平。而我国近几年的制造业产能利用率却逐年下滑，大多数"产

能过剩"产业的情况不断恶化，并且这一趋势可能仍将在未来一段时期内持续存在。

　　美、德、日是经济大国，而亚洲"四小龙"是小国和地区，大国与小国的化解"产能过剩"措施迥异，因此，拥有大国经济的中国在化解"产能过剩"的过程中，应当立足于全球进行战略布局，借鉴大国化解"产能过剩"的先进经验，同时吸收小国的特殊经验，用长远的眼光来看待问题。当前我国经济正步入中低速增长的新常态，随着"一带一路"概念的兴起，"中国版马歇尔计划"为我国经济增长注入新的动力。事实上，我国经济步入新常态，也与后金融危机时代全球经济大调整、贸易保护主义加剧导致我国外需增长乏力有关。在这样的背景下，化解"产能过剩"的难度越来越大。按照工信部 2015年 2 月提供的数据，2011—2014 年，我国累计淘汰落后炼钢产能7700 万吨、水泥 6 亿吨、平板玻璃 1.5 亿重量箱，提前一年完成"十二五"淘汰过剩产能任务[①]。面对新形势，本书总结出以下可借鉴的经验：

　　（一）不能照搬国外经验，要对症下药

　　造成我国和美日治理"产能过剩"政策实施结果迥异的原因主要在于我国"形似神不似"地照搬西方发达国家的具体政策。首先，我国与发达国家的"产能过剩"类型不一样，发达国家主要以需求冲击导致的周期性过剩为主导，而我国除此之外更多的是体制性过剩和结构性过剩。其次，制定和实施治理政策的政府类型不一样。美日经验表明，发达国家治理"产能过剩"主要采用水平型治理政策，这与其服务型政府的职能、属性是相匹配的。即使过去使用垂直型政策较多的日本，在经过 20 世纪 90 年代以放宽政府限制为主要内容的行政改革后也完成了向服务型政府的转型。而我国目前正处于由建设型政府向服务型政府过渡的阶段，各级政府仍习惯于垂直型的调控方式。最后，政府定位的差异导致中央与地方政府间关系不同。与大多数发达

---

　　① 徐婷：《中国工信部公布 2014 年十件大事　化解产能过剩上榜》，http：//finance. chinanews. com/cj/2015/02 - 02/7027440. shtml，2015 年 2 月 2 日。

国家相比,我国政治集权加经济分权的特殊制度安排使得地方政府更倾向于开展以 GDP 为核心的锦标赛竞争,而水平型治理政策的目标则可能与此存在冲突。

(二) 政府制度建设:转变政府职能

日本、亚洲"四小龙"等国家和地区政府部门在化解"产能过剩"过程中发挥了重要作用,因此,化解"产能过剩"应当转变政府职能,并实施制度创新以满足时代发展的需要。首先,转变政府的职能。市场不是万能的,市场资源集中到某一行业出现"产能过剩"时,应转变政府职能,加大对高新技术的财政支持,减少政府审批,释放市场活力。其次,完善政府的管理模式。建立完善的市场规则和市场标准,完善市场退出机制,做好市场监管和纠偏。最后,加强制度创新,提升法制建设,把政府的权力"关进笼子"。政府要加强制度创新,对市场实施负面清单管理,即"法不禁止皆可为",为市场提供制度保障,避免某些行业出现企业扎堆现象。同时加强法制建设,对政府实施正面清单管理模式,即"法不授权不可为",真正做到政府的权力在法制的范围内实施,减少寻租空间,防止体制性"产能过剩"。

同时,在环保等方面借鉴西方模式,强化管制,加大淘汰技术落后产能、改造污染产能的力度。目前估计的 1 亿吨过剩的钢铁产能以及其他的建材产能中,对技术落后、治理污染得不偿失的企业,才需要采取关闭淘汰的措施。应当由有关产业的技术专家和行业协会参与调查,不能简单地用财务标准或资本管理的方法操作,以减少结构调整的损失。美国水泥行业是仅次于电力行业的第二大大气污染行业,二氧化碳排放占比为 7% 左右。为了减少碳排放,多种基于市场的环境规制相继颁布,包括税收、排放限额、生产补贴等。但由于美国水泥行业是典型的集中型市场,前五大公司的产能占总产能的 54.4%(Fowlie 等,2016),已有的市场势力可能会影响基于市场的规制效果。

(三) 市场制度建设:让市场在资源配置中起决定性作用

美、德等西方发达国家面临"产能过剩"时,市场自发调节机制

起到了主要的作用。而我国处在转型期，市场自发调节机制并不完善，市场的资源配置效果有限，存在高储蓄、低资金使用效率、产能低效等"中国特色"的产业结构特征。因此，需借鉴发达国家经验，建立发挥市场在资源分配中的决定性作用的体制机制。首先，建立完善的市场退出机制和准入制度，增加市场竞争，鼓励企业破产和重组，淘汰落后产能。让低效率产业通过破产或重组退出市场，既有利于企业的转型升级，又提升了经济的整体效益。其次，加强对地方债务和政绩监管，从根本上解决地方的投资冲动和投资依赖，发挥市场的资源配置作用，通过市场来化解"产能过剩"，激发经济增长的潜力。

早在改革开放的初期，人们已经意识到中国的产业结构存在扭曲，效益受到损害，需要进行调整，所以，在 20 世纪 70 年代末和 80 年代初曾经进行过两次经济调整。这种经济调整都是在政府主导资源配置的条件下进行的，采取的是行政手段，比如规定哪些产业或者哪些部门应该缩减，哪些产业或者哪些部门应该增强。这种方法存在多种缺陷，根本的问题是政府没有办法判定什么样的结构是好的结构。所以，调整以后的结构往往并不是最优的，而且因为造成这种结构扭曲的各种体制上的、政策上的因素并没有改变，所以一次调整后要不了多久，旧的结构重新复归，又要进行下一次的调整。

（四）创造性破坏：加大科研投入，推动技术进步

科技创新和技术进步是新兴产业发展和推动产业升级、经济发展的不竭动力。2012 年我国 R&D 占 GDP 比重只有 1.98%，低于世界 2.13% 的平均水平，科研投入水平明显较低，而同期美国、德国、日本和韩国该比重分别高达 2.79%、2.92%、3.38% 和 4.04%。总结国外经验，首先，应加大基础教育和科研投入，培育尖端技术人才。推动企业与高校的联系和交流，提高科研成果的转化率，为社会带来经济效益。其次，应加快实施国家创新型战略和"互联网＋"战略，利用便捷高效并高速发展的互联网推动产业升级。推动企业技术创新

并发挥产业链的附加价值①，是化解过剩产能的有效方式之一。

事实上，方兴未艾的新一轮技术革命和产业变革不仅促进了社会生产力的飞跃，而且正在重塑制造业生产体系，为我国从根本上打破产能扩张—"产能过剩"—化解"产能过剩"—产能再扩张的恶性循环提供了战略机遇。在新一轮产业革命中，"智能工厂—智能产品—智能数据"闭环将驱动生产系统智能化，而自动化转向智能化，有助于全生命周期化解"产能过剩"。例如，德国"工业4.0"计划在制造装备、原材料、零部件及生产设施上广泛植入智能终端，借助物联网和服务互联网实现终端之间的实时信息交换，实时行动触发，实时智能控制，实现对制造设备、零部件和供应链的全生命周期、个性化、人性化管理。智能制造体系将有助于在生产过程中对产能形成和利用情况进行实时监控、优化和治理。

不同于以往历次产业变革依托于交通基础设施的发展，新一轮产业变革将更为依赖信息基础设施的建设，工业信息的计算和处理能力已经成为新的影响制造业竞争力的战略性资产。美国、德国已经在高效能运算领域积极部署，我国应当通过建立国家高效能运算研发中心和高效能运算服务中心，加快高效能运算前沿技术突破，注重高效能运算的商业应用和公共服务，加强信息基础设施对智能制造系统的支持。

（五）产业转型：优化产业结构、加快服务业发展

2015年我国人均GDP落后美国40年，而第三产业占GDP的比重落后美国70年左右，这反映出我国产业转型升级的空间广阔。转型意味着改变生产的产品种类，可能是停产；升级意味着提高产品的质量，更多是做大。首先，化解"产能过剩"从调整产业结构入手。产业结构升级转型带动技术革新，通过提升产品质量、提高劳动生产率来化解"产能过剩"。调整产业结构，淘汰低端产业、扩大高端产业，

---

① Colgate M. and Lang B., "Positive and negative consequences of a relationship manager strategy: New Zealand banks and their small business customers", *Journal of Business Research*, 2005 (58): 195 – 204.

实现优胜劣汰的目标。其次，加快推进第三产业的发展能实现资源的优化配置，缓解就业压力。与一般工业行业相比，服务业总是处在供不应求的状态，并且，随着收入水平的增长，对服务的需求也急剧增长。据测算，每投资 100 万元提供的就业岗位中，重工业可以提供 400 个，轻工业可以提供 700 个，服务业可以提供 1000 个。可见，服务业具有就业弹性大、知识密集、资源消耗低等特点，推动服务业的发展，刺激社会总需求，能有效化解过剩产能。

根据产业发展规律，我们要做好长期"去产能"的准备。发达国家化解"产能过剩"的基本经验是，在产业升级和产业结构调整过程中，向发展中国家输出第二次产业革命的工业化模式，然而在产业转移的过程中过剩产能也随之转移，进而导致发展中国家（如我国）承接了发达国家的"产能过剩"。我国工业化还处于重化工业阶段，仍服从第二次产业革命的基本规律。强周期行业产能调整的时间相当漫长，德国鲁尔区历经 10 年、美国的钢铁业经历将近 20 年，这意味着强周期行业的出清并非短期所能办到的，即使部门措施短期内取到一定的效果，也难以改变下滑的态势，最终出清仍需靠长期的有效整合及产业转型。

总之，中国经济仍要保持中高速增长，工业产能的扩张是必然的，但是不能是以往低效、落后产能的简单扩大再生产，而应该伴随着产品质量提升和产业结构优化，即抑制"产能"不是目的，化解和消除"过剩"、满足更高层次的需求才是根本。所以，"去产能"亟待制度变革，不用过度关注一时的"量"的增减，因为这很可能是经济周期或市场机制本身的规律性变动；而应在地方政府推高产能这一特性上入手，坚决杜绝那些高投资、高财政的落后产能被降低标准而强行上马的现象，对于研发、创新、创业、新经济等与 GDP 和财政目标看似冲突的新动能要足够容忍并多加鼓励，因为它们才是长期"结构"调整的根本力量。

（六）扩大内需：创造消费，提升有效需求

"产能过剩"既有供给层面的原因，又有需求层面的原因。综观古今中外，过剩产能的产生，不完全是供给侧的问题，更和宏观经济

的走势有关。如果宏观经济恢复增长，过剩产能不仅可以被很快消化，还会在产量、质量两方面都迈上新台阶。我国 GDP 在 2000—2013 年增长了 5.7 倍，而消费占 GDP 的比重仅从 39.4% 上升到 41.8%，远低于美国、德国等西方发达国家 70% 以上的水平，消费的增长远远落后于 GDP 的增速。借鉴日本的国民收入倍增计划及发达国家的发展经验，长期来看，化解"产能过剩"必须依靠国内市场需求。首先，实施减税政策，调整个人所得税、增值税和消费税税率，增加居民的可支配收入。其次，完善社会保障制度，提高国民收入，进而扩大内需，以弥补出口市场失去的商品需求。最后，相关行业的企业应适当提高技术工人的工资，留住熟练劳动力，并合理选择生产车间和厂房位置，向劳动力富余但缺乏投资的中西部地区转移，这不仅能降低企业劳动成本，同时也扩大了当地的需求。

（七）产能输出：实施"走出去"战略，发挥"一带一路"效应

在全球化时代，"产能过剩"具有区域性、结构性特征。多国经验也表明，化解"产能过剩"要面向国际市场，实施产业大转移战略。首先，加大传统产业的产业转移和战略性新兴产业的出口，提升企业国际竞争力。2014 年是我国深化改革元年，李克强总理开始向海外推销高铁，高铁外交不仅提升了中国科技水平形象，也推动了中国企业在海外的发展，并缓解了国内钢铁行业的"产能过剩"压力。其次，为实现过剩产能的海外转移，应当减少资本管制，加快实现人民币国际化，以战略性制度创新为我国未来开放型经济发展提供制度支撑①。上海自贸区的建立，倒逼我国其他地区的市场化改革和对外贸易改革，促进国内与国际市场接轨。最后，发挥"一带一路"效应，拓展全球市场。沿着"一带一路"向西亚、中亚和欧洲拓展国外陆路和海路市场，为我国带来新的市场需求，实现在全面深化改革过程中打造制造业强国的战略目标。

此外，还可以采取反倾销等贸易救济措施。美国市场本身的特性

---

① 唐志良、刘建江：《上海自贸区与湖南开放型经济发展研究》，《长沙理工大学学报》（社会科学版）2014 年第 6 期。

决定了其钢铁企业仍受到一定程度的保护，尤其是生产高品质钢和特殊钢的企业。一方面，美国钢铁企业对日用钢制品的销售依赖度逐渐降低，对高品质钢的依赖度增加；另一方面，美国用钢企业通常拥有固定的合作伙伴，并首选美国的钢铁企业。在外贸方面，美国钢铁企业在面临不公平的低价竞争时，通常会提出"双反"申请。

参考文献

［1］Sekine, Toshitaka, K. Kobayashi and A. Y. Saita. , "Forbearance Lending: The Case of Japanese Firms", *Monetary & Economic Studies*, 2003, 21（2）: 69 – 92.

［2］Peek, Joe and Eric S. Rosengren. , "Unnatural Selection: Perverse Incentives and the Misallocation of Credit in Japan", *The American Economic Review*, 2005, 95（4）: 1144 – 1166.

［3］Fowlie, M. , Reguant, M. , Ryan S. P. , "Market – based Emissions Regulation and Industry Dynamics", *Journal of Political Economy*, 2016, 124（1）: 249 – 302.

第八章 政策建议

本章探究如何用制度创新的方法来化解"产能过剩",遵循创新和绿色发展理念,从市场决定性、政策少干扰、企业自生能力的培育、国企改革等角度提出具体政策建议。

一 发挥市场决定性,减少政策干扰

现有政策存在一定误区,审批改革和市场化方式才是化解"产能过剩"的有效途径。

第一,要弱化"去产能"的政策依赖,重新以市场调节为主。产能指的是生产能力,本身是一种促进经济增长的积极力量。从历史视角看,产能高速增长是中国经济奇迹的集中体现,并在国际上具有较大比较优势。当前问题的核心不是"产能",而是"过剩";不是要打压产能,让能力退化,而是要通过产品质量升级和结构转型,寻求市场出路。因此,一方面要淡化"产能过剩"与"去产能"等表述。过多强调"应对产能过剩",采取各种各样的政策,一旦政策难以奏效,将影响政府的声誉及政策的可置信度。另一方面要发挥企业家精神,发现市场潜力、技术创新、分工和市场均衡,让市场起决定性作用。

第二,严格来说,需求放缓是"产能过剩"的主因,通过市场的供求机制和价格机制就可以实现市场出清。因此,"产能过剩"问题不是什么难以克服的顽疾,不宜过分夸大。在市场发挥决定作用的同时,企业要通过控成本、技术创新以及产品结构调整来提高自身竞争

力，而政府要减少对过剩产能的行政保护，推动"僵尸企业"破产重组，克制盲目审批并加强问责，引导创新发展和绿色发展。同时，政府要通过"一带一路"建设为"产能过剩"企业开拓海外市场。

第三，通过产业政策化解过剩产能行不通。政策部门以"市场失灵"为依据，将对投资和市场准入的行政管制作为治理政策的核心，通过产业调整政策来去产能，结果只能是南辕北辙（中国社会科学院工业经济研究所课题组，2013）。为什么10年前同样存在严重"产能过剩"而政府却并未使用产能管制手段调控的纺织行业现在又不存在严重的"产能过剩"了，而这十余年国家屡屡"重拳"调控的钢铁、电解铝等行业却反复陷入严重"产能过剩"的怪圈？美国等发达经济体确实对钢铁等行业实施了严格的产业规制，但是不能据此断言"我国'产能过剩'的主因是市场失灵，对策建议是加强监管"。事实上，我国政府与美国政府在产能扩张上的作用是不同的，美国是在加强环保和技术创新以及反垄断，我国地方政府是在无限制地招商引资。政府的干预破坏了企业的市场敏感性，企业往往忽视市场需求盲目扩大生产，除钢铁、水泥等行业之外，光伏、房地产等行业也存在此类问题。2016年2月1日，国务院印发《关于钢铁行业化解过剩产能实现脱困发展的意见》，提出要健全公平开放透明的市场规则，强化市场竞争机制。

第四，推行竞争性政策。为了避免选择性产业政策的影响，应当将竞争性原则融入到产业政策中，实现产业政策与竞争政策的统一，由过去的选择性产业政策向提高经济基础设施状况、提高全产业创新能力的竞争性和普惠性产业政策过渡。政府为各产业创造公平完善的竞争环境，发挥市场在资源配置中的决定性作用，通过竞争提高各产业部门的生产力水平并以此促进产业发展是应对新常态的新思路。竞争性、普惠性的产业政策保护竞争本身，不对特定竞争者进行差别对待，不因企业的所有权性质而转移，是新常态下强化竞争政策基础性地位赋予产业政策的新的精神内涵。因此，微观政策要灵活，转变、创新政府的干预方式，由直接的干预企业投资行为转变为间接的引导，使企业掌握更准确的市场信息，更好地结合市场和自身的实际情

况，制定科学、合理的投资策略。在抑制"产能过剩"过程中，对于竞争性行业，可任其自由发展，政府只需制定科学合理的质量标准、技术标准和环境标准。

第五，政府要补短板，但是相关补贴方案应该更加慎重。要坚决杜绝地方政府以财政资金直接扶持企业，或政府担保企业贷款等不规范行为。对补助方案应该持谨慎态度，而不能草率行事。一方面，要检视补助的合理性。企业因为经营不善而破产属于市场行为，无须政府托底。考虑补助的合理性，一定要事先作出公正的制度设计，谨慎选择补助对象。另一方面，要预判到补助对"去产能"的真实效果。当前我国社会信用水平低，要防止企业操纵盈余骗取补助，各地争抢补助，银行借补助增加信贷，进而引发新一轮的投资热潮。另外，对国企的过分托底不仅不利于国企主动进行技术升级和提升效率，还将挤压民间投资，降低银行对民企的信贷积极性，使正在下滑的民间投资雪上加霜。事实上，补短板重在政府的制度供给。2015年12月的中央经济工作会议开出了补短板的"药方"：通过打好脱贫攻坚战、支持企业技术改造和设备更新、培育发展新产业、补齐软硬基础设施短板、加大人力资本投资的力度、继续抓好农业生产等措施扩大有效供给。简言之，就是要靠供给侧的改革补上各种短板，给供给侧改革实现途径做"加法"，不断扩大有效供给。政府的精力和资源应该更多用在降成本上，鼓励各类企业在高效的行政服务下公平竞争。供给侧改革的核心是降低企业的制度性成本，包括交易成本、各种税费、融资成本、社会保障成本、高速路收费等。这有利于增强企业创新能力、提高供给质量与效率、改善供给结构，最终提高全要素生产率。

总之，不消除导致系统性过剩的体制机制缺陷，不建立起以市场为主导的化解过剩产能长效机制，不但不能从根本上治理"产能过剩"，还将使"产能过剩"由低技术水平、低端环节、低端产品向高技术水平、高端环节、高端产品发展，例如光伏和机器人产业。

二　简政放权，加强审批改革

政府掌握着巨量的资源和财富（包括土地和矿产资源、货币印制和信贷投放等），掌握着政策法规是否"可行""可操作""可落实"的关键通道，政府通过严格的行政审批和市场准入，以及过大的自由裁量权，甚至行政性直接干预，主导了市场。政府不再像改革开放前期那样支配私营部门经济，但仍然保有对私营部门发展的控制，是企业获取重要资源时的守门人。执法随意性大，环境保护、安全监管不力，违法行为得不到惩处，严重破坏了市场秩序。2013 年一项调查显示，一个投资项目从立项到审批，要跑 20 个委办局、53 个处室，盖 108 个章，需要 799 个审批工作日（徐星海、何颖思，2013）。因此，简政放权，进行行政审批改革，可以斩断地方政府插入市场、土地经营、招商引资的"有形之手"，是化解过剩产能的重要途径。

第一，权衡发展和改革，严控增量。Clark（1940）认为，因为长期均衡的条件与短期目标无法协调一致，市场竞争中不完善的因素总会存在，务实的公共政策目标应建立在协调机制之上。权威人士提出的 L 形增长，给出了稳增长与改革的权衡标准，可以容许中速增长，但是必须改革。然而，面对严峻的经济形势，一些学者、媒体，甚至少数官员，经常淡化改革意识，片面强调稳增长。例如，"去产能"的实招落实少，被外界揣测为改革意志不强，钢铁价格一度出现大幅反弹，暂停产能也落空，钢铁生产大面积死灰复燃。很多地方，特别是重化工业比较集中、"产能过剩"比较严重的地方，稳增长的压力更大。去产能和稳增长之间矛盾凸显，且各个地方都只想让别人减，自己不减，因为这些行业供求平衡以后还可以继续盈利。因此，务必充分认识到，"改革虽有阵痛，但不改革就是长痛"的道理，坚定不移推进改革，强化社会各界对"去产能"的认同和信心。这要求我们做好顶层设计，协调好宏观调控政策与改革的关系，在短期的调控政策中贯彻落实长期的改革意志。在应对危机时对刺激经济政策加

以区分，避免投资流入已过剩行业；并在产业调整和升级中根据自身禀赋特征，发挥政府因势利导的作用，培育更多适宜的新兴行业和经济增长点，以应对"产能过剩"对发展中国家经济造成的影响。

第二，与其管控产能审批，不如取消审批及相应的各类补贴扶持措施，企业面对市场化的土地价格、信贷利率、环保成本以及产品价格，自然较少进入甚至不进入。而且，"一刀切"式的禁止，也忽视了部分地区产能不足的事实，更不能排除个别地区为了 GDP 而逆向审批的可能。当前，各地难以分配化解产能的任务指标，因为无法确定"产能过剩"的总量，以及各地的分配比例。还不如放开管制，让市场来决定谁退出及退出数量。

第三，从审批入手规范政府行为，把市场从审批经济中解放出来。审批改革是破除地方政府为了晋升而盲目扩大产能的"釜底抽薪"之举，可以通过为市场机制松绑来化解过剩产能。要大力度地取消或下放审批事项，制定审批清单和负面清单。转变、创新政府的干预方式，由直接干预企业投资行为转变为间接引导，使企业掌握更准确的市场信息，更好地结合市场和自身的实际情况，制定科学、合理的投资策略，能够快速应对市场变化。特别需要说明的是，审批改革的目的不是限制产能的增长，而是放开政府规制，让企业根据市场需求灵活调整生产决策。这样既可以"去产能"，又可以满足人们日益增长的物质文化需要，提高资源配置效率。

第四，加强事后监督。在经济领域，行政审批成为政府配置资源的核心手段。用行政权力代替市场机制，用政府决策代替市场博弈，就会导致许多企业只要通过了行政审批环节，接下来就处于无人监管的状态。面对创新性事物，制度有惯性或惰性，很难进行制度创新，但制度创新却极为必要。政治行为是混乱复杂的，结果也是不确定的，而制度的作用恰恰是能够通过规则来减少这些不确定性，并对政治生活产生影响。因此，建议将事前审批转变为事后监管。

三　强化官员的晋升和问责机制，推动绿色发展

通过上文的分析，我们知道"产能过剩"实质上是结构性问题，并且因其高耗能、高污染而与绿色发展相违背。更重要的是，政府非但没有在其中有所建树，反而对其推波助澜。所以，对于"产能过剩"问题，政府宏观调控的改革是至关重要的，首要任务就是理顺政府运行机制和扭转政府的行为方式，即通过晋升和问责机制来促进政府主动推动绿色发展。这对于"严格控制增量，防止新的'产能过剩'"至关重要。

第一，通过晋升和问责机制引导官员行为，才是激励相容的，才是主动的和持久的。制度可以通过规则的构建和完善来规范政治行为。一方面，晋升机制是官员行为的"指挥棒"，抑制政府在过剩产能中的不当干预必须从官员考核机制入手。因此，不能只以单纯的GDP数量作为官员考核的标准，还要考察 GDP 的质量，应更加侧重经济结构的调整和绿色发展。要加强环境考核，把绿色发展作为官员考核的基本内容。同时，要让当地百姓有一定的考核权重，而非仅依靠组织部门的考核。另一方面，晋升只是诱导，对于其行为有悖于调结构和绿色发展原则的官员还要强化问责。官员的重大决策要终身负责，加强领导干部自然资源资产离任审计。实行最严格的环境保护制度，实行省以下环保机构监测监察执法垂直管理制度，开展环保督察巡视。事实上，大量供给工业用地、补贴等政策正是刺激高污染产能走向过剩的重要原因，而政策调整确实可以改变经济产出结构。例如Han 和 Kung（2015）实证发现，2002 年中央政府改变了企业所得税分成比例，导致地方政府的努力方向从促进工业发展转向城镇化，重点发展房地产和建筑行业。

在"去产能"和绿色发展方面，多地加强了官员问责。以河北为例，2014 年河北省长张庆伟就曾立过一次军令状：钢铁、水泥、玻璃

不能再新增 1 吨产能；新增 1 吨，党政同责，就地免职。2016 年，
《河北省贯彻落实中央环境保护督察组督察反馈意见整改方案》公布，
其中提到，对新发现的违规建设钢铁项目或封停设备复产所在地县
（市、区）委书记、县（市、区）长先免职，再调查处理。该方案确
定了以下几个目标：2016 年全省第一批安排压减炼铁产能 1077 万吨、
炼钢产能 820 万吨；压减煤炭产能 1309 万吨，退出煤矿 50 处。从环
保、能耗、水耗、质量、技术、安全六方面严格制定产能退出标准，
确保逐年完成退出任务。

　　第二，将环保、安全等纳入官员晋升考核，激励官员对此进行公
正严格的审批。中央政府通过将环境规制带来的环境改善纳入地方政
府政绩考核范围，使地方政府的竞争从追求财政收入增长、投资扩张
等纯经济目标，转向追求经济与社会目标并重。以往地方政府对经济
结构的调整是在环境、社会矛盾的倒逼下被动进行的，积极性不高，
常常处于应付突发事件的阶段。在此考核激励下，政府部门会更积极
主动地调整产业结构，一方面对现有企业进行环境治理，另一方面对
新的招商引资项目提高引进资本的环境标准。长期以来，行政审批制
度改革存在两个困境：一是无法限制政府的自我授权，二是无法斩断
权力与资本的两性相吸。因此，必须从官员的晋升激励上入手，引入
环保等考核机制，改变官员的行为模式；同时，加强对环保、安全生
产等的垂直管理并将审批权上移，进而通过环保、安全等高标准排斥
一些低质量企业或项目的进入，化解过剩产能。事实上，环保、安全
等政府规制是对企业有利的，无须过于担心因规制而影响企业积极
性，因为这些规制可能成为已有企业阻止市场潜在进入者的助力从而
巩固其市场地位并增加企业收益。价格机制对于中小企业退出有调节
作用，而环境规制对于大型企业的减产和新企业的进入作用更大
一些。

　　第三，持之以恒宣传和贯彻绿色发展理念。理论上讲，制度创新
短期未必成功，但因为起到宣传教育作用并能够获得社会支持，长期
往往会成功。组织再造从短期来看是失败的，但从长期来看却往往是
成功的。也就是说，坚持不懈会带来意想不到的回报。其原因之一在

于，对组织再造进行深入广泛讨论起到了社会宣传教育作用，使得潜在的变革获得更多信任和支持。例如，美国在制度改革过程中并不是一味地减少规则，而是有减有增，既有选择性地废除不合理、不合时宜的管制，又对确实暴露出"市场缺陷"和"不足"的领域，主要是环保和劳工安全生产方面，增设了新的规制内容和标准，以弥补市场缺陷，促进市场经济的健康稳定发展，实现政府规制规模的适度化。我国也应严格执行环保、能耗、质量、安全、技术等法律法规和产业政策，实施环保规制。目前，环保部门正在积极推进省以下环保机构监测监察执法垂直管理，近期已设立环保机构监测监察执法垂直管理办事部门"垂管办"，并加快研究制定试点方案，预计在年内启动试点工作，争取用2—3年时间完成改革。要保护生态环境，就应更加注重绿色生产方式和消费方式的形式，通过严格的环保、能耗、技术标准，倒逼过剩产能退出。

四　企业自生能力建设要从控成本
　　转为技术创新

长期经济增长取决于长期潜在增长率，即资本、劳动力和技术进步，所以要实现长期可持续增长，仅靠需求侧的政策是不够的，必须通过改革、经济结构调整和科技进步，来提高潜在增长率，也就是改善供给侧。供给侧改革是用生产函数来调剂生产，提高生产函数中间的索洛余值，目的是提高生产技术和产品层次。

从供给侧来看，我们的结构性发展并没有跟上市场需求的多样化。服务的需求正在提高，但过去几年制造业的规模却在迅猛扩张，供给侧面临比较大的"产能过剩"的压力——钢铁、煤炭、有色、石化、建材这些上游行业过剩的压力尤为明显。所以，在探底过程中要把握阶段性变化，经济放缓很重要的原因就是供给侧越来越不适应市场需求的变化，只有推进供给侧的调整和改革才能够更有效地应对市场需求，使"产能过剩"行业实现"产量零增长甚至负增长，但是

收入和利润却大幅增长"的效益型发展。

首先，控成本治标不治本，需要进行供给侧改革。通过调研我们发现，面对"产能过剩"问题，企业的自救措施比较低级，没有加强研发和提高产品质量，而只是单纯地压缩成本。其所谓的精细化管理，也只围绕控成本展开，缩减人工成本和原料采购成本，或者控制原材料采购节奏和自身产出以降低风险。控制成本是任何企业都必须做的事情，但是淘汰过剩产能不应只是控成本。从更深层次来说，要提高技术创新，提高产品层次，这才是供给侧改革的真谛。如果没有技术革新和结构调整，2020 年比 2010 年翻一番的小康目标也将伴随着污染和能耗的翻番，这将是中国社会无法承受的。

其次，提高技术、推动高端产品发展是企业自救的根本。李静、杨海生（2011）认为，产能调整政策会刺激企业盲目过度进入同一市场，我国低水平重复建设的主要根源是企业在 R&D 过程中陷入了"囚徒困境"。供给机制失灵的根本原因在于企业生产不服从规模报酬递减的约束，包括市场分割与垄断、规模报酬递增、断裂式的技术替代等引发的内生不稳定性。产能周期和高库存的压制，会使价格指标对终端需求变动的反应更加迟钝。供给端的"产能过剩"可能持续压低产品价格，使得微观价格不能有效地反映需求端的波动。高库存也会形成对价格的抑制，降低价格指标的指示作用，并进一步导致供给机制失灵。"低端过剩、高端不足"是我国钢铁业的现状。一方面，处于落后及一般水平的产能过多，竞争处于无序状态，价格上不去；另一方面，汽车、高铁、飞机等一些高端制造业所需要的钢材，我国大都依赖进口，仍难以实现进口替代。当前，企业只靠成本挖潜仅能维持运行而已，要实现良性发展必须转向创新驱动。加快产品升级、实现进口替代，理应成为行业、企业的一个努力方向①。然而，我们

---

① 事实上，我国高端钢材市场潜力大，利润空间也大。一个显而易见的事实是，虽然国际钢铁行业整体不景气，但是高端钢铁企业仍然盈利。即便是同一家公司，从产品结构来看，满足市场需求的那些产品种类的获利可能性也更大。例如，河北武安的兴华钢厂的 H 型钢是公司主要利润来源。随着《中国制造 2025》的贯彻实施，未来我国装备制造业需要大量优质高端钢材，市场潜力巨大。

调研发现，我国钢铁企业的研发投入并不高，大多数企业根本没有研发支出，而且一些高学历、懂技术的青年人才流失严重。有鉴于此，钢铁等"产能过剩"行业应在人才引进、创新机制、研发投入、产品开发上狠下工夫，加快技术进步，早日推动高附加值产品投产。政府也要加大科研补贴，加强专利保护。

再次，新一轮产业革命降低了企业创新成本，为我国经济转型升级提供了宝贵契机。互联网和信息技术是一项具有产业革命潜质的技术创新，前景广阔，潜力巨大。当前，互联网革命正在全球范围内如火如荼地展开，中国有望成为这一轮产业革命的重要主战场。一方面，互联网经济具有规模效应、应用性广和门槛低等方面的特点；另一方面，中国互联网用户人数多、市场规模大，而且具有跨越式发展的客观诉求。中国完全有希望在以移动互联网、云计算、大数据、物联网为代表的新一代信息通信技术与经济社会各领域、各行业的跨界融合上引领世界潮流，从新一轮技术革命中受益。

最后，可以通过风险投资机制发掘企业家精神。我们需要的不是建立企业，而是能够创新的创业者精神。所以，不需要政府金融机构宽松的创业支援，而是需要风险投资发挥作用，建立一套能够慧眼识别企业，对企业进行客观有效评价的体系，并通过股票形式将风险分散到市场。

此外，发展电商、多元化发展（房地产、酒店、农业、家具等方面）、企业内创业，也是企业培育自生能力的重要途径。例如，河北青县觉道庄村曾拥有 8 条轧钢生产线，年产钢材 200 余万吨，是全国闻名的"钢铁村"。2015 年该村已有 20 多年历史的钢材市场完成了拆除平整，转型建设一个由北京外迁企业形成的绿色家具产业园。

五　借力国企改革推动"去产能"

当前，我国国企主导行业和"产能过剩"行业高度重叠。上一阶段国有资本不断向钢铁、煤炭、有色金属等领域集中，从根本上决定

了国有企业必然是当前"去产能"的主力军。譬如在煤炭领域，国有及国有控股企业收入占全行业的比例接近60%，煤炭上市公司中90%以上的市值都属国有性质，行业前20名企业中有19家为央企或地方国企。国有领域同样是"僵尸企业"的重灾区。与其他类型的企业相比，国有企业由于特殊的管理体制、特殊的政企关系、特殊的职工身份，更易成为"僵尸企业"，也更难出清。

企业是落实供给侧结构性改革的主体，国企改革是供给侧改革的重要内容，尤其是在"去产能"方面。国有企业一定要在供给侧结构性改革中发挥带动作用，在化解过剩产能的同时，努力提高国企竞争力，提高国企高管和民间资本的积极性。

第一，推进公平竞争审查制度，降低市场准入的制度成本。要努力让市场在资源配置中起到更大的作用，使得不同所有制的企业获得资源的成本差距不大，保持对"市场决定性"的敬畏，强化落实公平竞争审查制度。一方面，政策制定机关制定市场准入、产业发展等政策措施时，应当进行公平竞争审查，在资源使用权及支付价格、信贷利息、土地租金等方面加强市场化改革，促进国企和民企的公平竞争。另一方面，要强化竞争主管部门在国企改革中的地位，与国企主管部门、改革主管部门一同作为国企改革的领导机构。同时，国企投资重在"补短板"，要减少对民资的挤出效应。例如，应该进一步放开民用机场、基础电信运营等领域的准入。此外，在混改的央企试点以及地方试点中，突出公平竞争的内涵，充分发挥市场机制作用。

第二，国企"做大"的前提应该是"做强做优"。我国是社会主义国家，必须理直气壮做强做优做大国有企业。但是要全面理解"做强做优做大国有企业"的内涵，切勿片面强调"做大"。如果国企一味做大，国企低效和"产能过剩"问题将会持续且不断加重。市场化是国企改革的基本价值取向，因此必须在抵制私有化的前提下做到市场化，即在保持国企的主导地位的同时尽可能地引入民间资本。这可以表现为：在行业层面占据主导，国资占据行业的大多数市场份额，或者掌控行业的关键链条，允许民资进入行业或其部分链条；在企业层面占据主导，国资绝对控股或相对控股，允许民资进入董事会、监

事会和经理层。

第三，加快国有"僵尸企业"的混改，建立容错机制，激发国企高管主动性。一些"僵尸企业"已经成为国有资本的包袱，不断摄取国企利润、银行信贷和财政补贴。必须及时大刀阔斧地进行混合所有制改革，引入民间资本并允许其控股，寄希望于民间资本带领"僵尸企业"转型，投资生产更有效率的领域。但是，在当前反腐高压态势下，就国资流失问题而对国企高管的问责加重，"求稳"心态较普遍，具体举措缺乏突破性和创造性。要严格甄别改革试错与腐败行为，完善国企改革中的容错机制建设。国企高管只要是坚持科学改革的方向，并按照法定决策程序实施的改革举措，都应该依法受到保护。即使事后证实改革不成功，只要当事人不存在主观故意或牟取私利，其合法改革行为就应受到制度保障。同时，成功的改革应该得到激励。

第四，借力民资改善国企治理结构。国企往往面临改革和增长、就业和效益、党性和董事会等多元政策目标，短期内难以同时满足，经营效率较低。在国企内部引入民间资本，改善公司治理结构，进而通过高效决策从供给端提高国企产品层次和质量，既可以化解过剩产能，又有助于国企做强做优，还可以拉动民间投资回升并稳定经济增长。因此，国企混改要强化国资民资双方的契约意识，履行现代企业制度，允许民资派代表进入董事会、监事会和经理层。

六　加快"僵尸企业"重组，实现市场出清

"产能过剩"的一个原因是政府盲目支持，表现为逆势增长或停产低于预期，而这些问题在微观上的集中体现就是存在大量"僵尸企业"。它们明明已经只有极低的利润甚至负利润，乃至资不抵债，但新项目却可以通过审批，即便表面停产了，但实际产出却几乎没有减少。如山西海鑫钢铁破产，但是 600 万吨的产能却通过重组恢复生产。虽然有了明确的压缩产能目标，但由于政策不到位、不配套，为了社会稳定（钢厂下岗工人的就业问题、资产损失引起的银行坏账

等），地方政府宁愿为"僵尸企业"输血也不让其退出市场，出现停（产）而不破（产）、破（产）而不退（产能），好的企业活不好、差的企业死不掉的尴尬现象。"僵尸企业"产生的最直接影响就是会压低产品的市场价格，导致"劣币驱逐良币"。

当前中央大力倡导的供给侧改革，是推动经济结构改革的新一轮努力，实质上就是调整供给结构、淘汰过剩的落后产能，实现市场出清；就是要大力推进市场取向的改革，特别是解决政府不合理干预本该由市场去决定的问题，通过价格、产能整合、淘汰等方式来清理过剩产能。为了倡导绿色发展，要加快对资源和环境的定价，通过影响成本等方式引导微观层面的资源配置。稳定地方 GDP 和避免工人失业，是地方政府保护落后产能的主要出发点。但改革就是创造性破坏，要忍住短期阵痛，以调结构为主，让"僵尸企业"在市场上培育自生能力，该退出的就要坚决退出。要建立一个有效的过剩产能的退出机制，让资源能够重新流动起来，进行再配置。还要将产能处置与发展混合所有制经济有机结合，引入和盘活社会资本。特别需要注意的是，兼并重组不一定是"以大吃小"，要综合考虑企业的规模、产品结构、利润率等因素，让自生能力强的企业兼并其他企业。

鼓励通过法律程序破产。中国正在全国范围内逐步推进破产审判庭的建立，这是中国全面依法治国的一个重要体现，同时也是我们以法制来推进"去产能"的一个重要手段。目前，我国通过破产程序退出市场的企业比较少。有数据显示，自 2006 年《企业破产法》颁布以来，我国的破产案件受理数量每年只有 2000 件左右，通过司法渠道破产退出的企业不足 1%。对比国外，我国适用破产程序案件的数量不足美国的 0.2%、欧盟国家的 1.16%。分析其原因，主要有以下两方面：一方面，对"僵尸企业"情有独钟的一些地方政府，不仅不支持甚至可能干扰破产程序，因为这些"僵尸企业"破产之后麻烦更大，尤其是大量的工人失业会造成较大影响。另一方面，通过司法渠道破产退出企业之所以占比较低，是因为破产案件审判执行程序周期过长、效率偏低，长时间不能结案，抑制了企业内在积极性。而破产审判庭的建立，则有望为"僵尸企业"破产打开一条通道。

企业破产重组将涉及地理上的迁移或合并，这关系着配置效率的提高，也关乎生态环境的改善。例如，河北武安仅仅是一个县级市，其城区周围就分布着约20家钢铁企业，环保压力较大。在绿色发展、治理雾霾、京津冀一体化的背景下，河北省提出了钢铁企业"退城进园"的做法，试点几个大型钢厂搬迁改造，迁至临海港和资源优势地区。当然，"搬迁"并不是简单重建，而是同时实现企业重组、产品档次提高、环保治理加强的全方位优化升级。

当然，在这一过程中一定要更好地保障劳动者的利益，尽量多采用优化重组的方式，减少破产清算，做好职工安置工作，为劳动者提供新的工作岗位，例如中冶集团并入五矿集团的重组。Berger等（1999）认为，兼并重组能够比破产或其他的形式更有效率地化解过剩产能。同时，要对地方和企业转型、寻找新的经济增长点、不良资产处置、失业人员再就业和生活保障等方面进行支持，做到破旧立新。

七　推进"一带一路"倡议，进行产能合作

我国制造业已出现了全面"产能过剩"的状况，在国内进一步扩大制造业投资已经没有太大空间，我国进行大规模基础设施建设的时代已基本过去，钢铁、水泥等过剩产能必须另谋出路，开拓新的市场、新的投资空间。中国联合钢铁资料显示，"一带一路"沿线31个主要国家中，70%为钢材净进口国，市场需求2.55亿吨，其中超过1000万吨的国家有8个，分别是印度、泰国、伊朗、印度尼西亚、沙特阿拉伯、越南、马来西亚、波兰。

为把"一带一路"由愿景变为现实，我国正在制定推进国际产能合作的"三年行动计划"。在这份计划中，我国对外产业投资预计将从2015年的1200亿美元增加到2018年的1600亿美元。仅以哈萨克斯坦为例，我国与哈萨克斯坦于2014年年底达成产能合作共识，从早期合作项目清单看，产能合作涉及钢铁、水泥、有色金属、化工等

行业的 52 个项目，总投资达 241 亿美元。

我们认为，"一带一路"建设有利于过剩产能的输出。受"一带一路"倡议直接带动的基础设施建设工程、装备制造业、物流、能源等行业"走出去"，是中国未来一段时期经济增长最重要的投资主题，将为我国钢铁、水泥、煤电等过剩产能提供绝佳的转移机会。

开发区模式是中国学习来而非独创的产物，这 30 年中它因地制宜不断演化，产生的速度和效率使它被视为中国改革开放最宝贵的经验之一，许多发展中国家都震惊于中国变化之快并将之部分归功于开发区模式。而建立海外工业园区，已成为产能输出重要载体。到现在，中国"走出去"的各类海外园区已有上百家，截至 2014 年年底，商务部重点统计的 16 家规模相对较大的园区，"已经完成投资总额超过 100 亿元人民币，入驻企业超过 400 家，为当地创造就业岗位超过 4 万人"。成功的案例吸引了最高层的目光，中国园区"走出去"的方向也开始向"一带一路"沿线倾斜，由零散的行动转而融入国家战略。中国开发区走向海外，这是百年来"中国经验""中国模式"从特色到普适的为数不多的实证。在未来，我国可以模仿现有苏州的新加坡工业园区建设，在"一带一路"沿线的相关国家打造我国的海外工业园区，进而拉动制造业的出口。

参考文献

[1] 李静、杨海生：《产能过剩的微观形成机制及其治理》，《中山大学学报》（社会科学版）2011 年第 2 期。

[2] 徐星海、何颖思：《五大集装箱缩短审批流程》，《广州日报》2013 年 7 月 2 日第 1 版。

[3] 中国社会科学院工业经济研究所课题组：《治理产能过剩的关键在于完善市场体制、理顺市场与政府关系》，2013 年 10 月。

[4] Berger A. N., R. S. Demsetz and P. E. Strahan, "The consolidation of the financial services industry: Causes, consequences and implications for the future", *Journal of Banking & Finance*, 1999, 23 (2–4): 135–194.

[5] Clark J. M., "Toward a concept of workable competition", *American*

Economic Review, 1940, 30（2）: 241 –256.

[6] Han L. , Kung J. K. S. , "Fiscal incentives and policy choices of local governments: Evidence from China", *Journal of Development Economics*, 2015, 116: 89 –104.